Morgenblüte abends gepflückt

Lu Xun

VERLAG FÜR FREMDSPRACHIGE LITERATUR BEIJING

Erste Auflage 2002

Home Page:
http://www.flp.com.cn
E-mail-Adressen
info@flp.com.cn
sales@flp.com.cn

ISBN 7-119-02974-6
Herausgeber: Verlag für fremdsprachige Literatur
Baiwanzhuang-Str. 24
100037 Beijing, China
Vertrieb: Chinesische Internationale
Buchhandelsgesellschaft
(GUOJI SHUDIAN)
Postfach 399, Beijing, China
Vertrieb für Europa: CBT China Book Trading GmbH
Max-Planck-Str. 6A
63322 Rödermark
Bundesrepublik Deutschland
E-Mail: post@cbt-chinabook.de

Druck und Verlag in der Volksrepublik China

Inhalt

Vorwort

Oft sehne ich mich nach ein wenig Ruhe in dieser unruhigen Zeit, aber es ist wirklich nicht leicht, Ruhe zu finden. Die Gegenwart ist so verwirrend, und in meinem Kopf herrscht ein heilloses Durcheinander. Erreicht der Mensch ein Alter, wo ihm lediglich Erinnerungen verblieben sind, mag ihm sein Leben ziemlich sinnlos erscheinen. Aber es kann auch vorkommen, daß ihm selbst Erinnerungen fehlen. In China gibt es feste Regeln für das Schreiben, und die Entwicklung weltlicher Dinge folgt immer noch dem alten Kreislauf. Als ich vor einigen Tagen die Sun-Yat-sen-Universität verließ, mußte ich an meinen Austritt aus der Universität von Amoy vor vier Monaten denken; und das Dröhnen der Flugzeuge über meinem Kopf weckte in mir die Erinnerung an das tägliche Kreisen der Flugzeuge über Beijing vor einem Jahr. Damals schrieb ich ein kurzes Essay: „Das Erwachen“*. Heutzutage bringt mich auch das nicht mehr zum „Erwachen“.

Es wird schon früh im Jahr heiß in Guangzhou. Selbst gegen Abend noch, wenn die Strahlen der untergehenden Sonne durch die Westfenster fallen, ist ein Hemd das Äußerste, was man auf dem Körper aushalten kann. Vor mir auf dem Schreibtisch steht ein Wasserglas mit einem „Wasserzweig“ — für mich etwas Neues; es ist ein kurzes Aststück, aus dem, eingetaucht in Wasser, nach einer Weile hübsche grüne Blätter zum Vorschein kommen. Von Zeit zu Zeit verweilt mein Blick auf diesen grünen Blättern, während ich alte Manuskripte durchsehe — und das heißt doch wohl, daß ich etwas tue. In Wirklichkeit bedeutet die Beschäftigung mit solchen Belanglosigkeiten zwar mehr tot sein als leben,

---

*In dem Sammelband „Wilde Gräser“ enthalten.

doch es ist eine ausgezeichnete Methode, mit der Hitze fertigzuwerden.

Vorgestern habe ich die Vorbereitung der „Wilden Gräser" für den Druck abgeschlossen; nun sind die „Erinnerungen" — die nacheinander in der Zeitschrift „Wildnis" veröffentlicht worden sind, an der Reihe. Ich habe sie in „Morgenblüten — abends gepflückt" umbenannt. Natürlich ist es besser, Blumen zu pflücken, wenn sie noch mit morgendlichem Tau benetzt sind, denn dann sind sie weit frischer und süßer — aber das war mir nicht möglich. Auch jetzt noch fällt es mir schwer, meine konfusen Gedanken und Gefühle in meinen konfusen Artikeln auszudrücken. Vielleicht werden sie eines Tages, wenn ich zu den am Himmel dahinziehenden Wolken hinaufblicke, vor meinen Augen erscheinen.

Lange Zeit gingen mir das Gemüse und die Früchte nicht aus dem Sinn, die ich als Kind in meiner alten Heimat zu essen pflegte: Wasserkastanien, Luohan-Bohnen, Wasser-Bambussprossen und Zuckermelonen. So saftig und köstlich war alles, daß mich bei dem Gedanken daran heftiges Heimweh überkam. Als ich später nach langer Abwesenheit wieder von diesen Dingen kostete, konnte ich nichts Besonderes an ihnen finden. Nur in der Erinnerung hatten sie ihren herrlichen Geschmack bewahrt. Vielleicht werden sie mich mein ganzes Leben lang täuschen und meine Gedanken dazu verleiten, in die Vergangenheit zurückzukehren.

Diese zehn Stücke habe ich aus dem Gedächtnis niedergeschrieben. Sie mögen nicht immer mit den Tatsachen übereinstimmen, aber so und nicht anders habe ich die Erlebnisse von damals eben heute in Erinnerung. Im Stil sind sie ohne Zweifel sehr unterschiedlich. Über neun Monate lang schrieb ich in unregelmäßigen Abständen. Außerdem mußte ich des öfteren die Umgebung wechseln: Die ersten beiden Stücke schrieb ich an der östlichen Wand meines Beijinger Hauses; die folgenden drei während meiner Wanderschaft durch

Krankenhäuser und in einer Tischlerei*; die letzten fünf schließlich im Obergeschoß der Universitätsbibliothek von Amoy, nachdem die dortigen Professoren mich bereits aus ihrer Clique ausgeschlossen hatten.**

Lu Xun
Geschrieben im Weiße-Wolken-Pavillon,
Guangzhou, den 1. Mai 1927

---

*Ab März 1926 machte die Regierung der Nördlichen Militärmachthaber Jagd auf Lu Xun und andere fortschrittlich Gesinnte, wodurch der Autor gezwungen war, sich im Frühjahr jenes Jahres in verschiedenen Krankenhäusern versteckt zu halten. Als schließlich alle Betten belegt waren, lebte er in einem Raum, der sonst als Tischlerei benutzt wurde.

**Während seiner Lehrtätigkeit an der Universität von Amoy war Lu Xun der Verfolgung durch die dortige Professorenschaft, die der Hu Shi-Clique (1891–1962) angehörte, ausgesetzt.

Von Hunden, Katzen und Mäusen

Seit vergangenem Jahr, scheint mir, bin ich in den Ruf eines Katzenhassers geraten. Den Beweis lieferte natürlich meine Erzählung „Kaninchen und Katzen"*; angesichts dieses offensichtlich Selbsteingeständnisses war jede Verteidigung zwecklos. Seinerzeit kümmerte ich mich nicht weiter um dieses Gerede, aber in diesem Jahr mache ich mir doch ein wenig Sorgen. Von Zeit zu Zeit überkommt mich das Bedürfnis, ein bißchen von mich hin zu kritzeln, und was dabei in gedruckter Form herauskommt, kratzt gewisse Leute meist nicht dort, wo es sie gerade juckt, sondern berührt ausgerechnet besonders empfindliche Stellen. Wenn ich nicht aufpasse, fühlen sich womöglich sogar Berühmtheiten und bedeutende Professoren von mir beleidigt, oder, was noch schlimmer wäre, einer jener Vertreter „der älteren Generation, deren Aufgabe es ist, die Jugend anzuleiten"**. Und das wäre äußerst gefährlich. Warum? Weil solche Größen „nicht mit sich spaßen lassen"***. Und warum darf man nicht mit ihnen spaßen? Weil sie sich dann so erregen, daß sie in einem offenen Brief folgende Erklärung abgeben: „Ist es nicht so, daß Hunde Katzen hassen? Herr Lu Xun gibt selbst zu, daß er Katzen haßt, befürwortet aber andererseits, ‚Hunde, die ins Wasser gefallen sind', zu schlagen!" Der geheime Sinn dieser „Logik" liegt darin, mit meinen eigenen Worten zu beweisen, daß ich ein Hund bin, woraus wiederum folgt, daß jeder

---

*In dem Sammelband „Ruf zu den Waffen" enthalten.

**Eine Anspielung auf Professoren wie Chen Xiying und Xu Zhimo (1896–1931), Anhänger der Clique „Neue Kritik", die die Regierung der Nördlichen Militärmachthaber unterstützten und fortschrittlich Gesinnte attackierten.

***Eine Phrase Xu Zhimos, mit der er sich auf die Seite Chen Xiyings stellte und versuchte, Lu Xun einzuschüchtern.

Versuch einer Rechtfertigung meinerseits von vornherein zum Scheitern verurteilt ist. Selbst wenn ich sage, daß zwei mal zwei vier und drei mal drei neun ergibt, ist jedes einzelne Wort falsch. Und weil ich unrecht habe, haben natürlich jene Herrschaften recht, die behaupten, daß zwei mal zwei sieben und drei mal drei tausend sei.

Ich habe versucht, das „Motiv" für ihre Animosität herauszufinden. Es liegt mir fern, der Mode unserer modernen Gelehrten zu folgen, die nach Motiven nur deshalb forschen, um ein Werk herabzusetzen*; mir war nur um eine Klarstellung im voraus zu tun. Ich bin überzeugt, diese Aufgabe hätte einem Tierpsychologen keinerlei Schwierigkeiten bereitet; leider fehlen mir selbst jegliche Spezialkenntnisse auf diesem Fachgebiet. Ganz zufällig entdeckte ich jedoch den Grund in Dr. O. Dähnhardts „Natursagen". Darin las ich folgende Fabel: Die Tiere beriefen in einer wichtigen Angelegenheit eine Versammlung ein. Alles kam, die Vögel, die Fische und die Landbewohner unter den Tieren. Nur der Elefant erschien nicht. Man loste aus, welches der Tiere den Elefanten holen solle, und das Los fiel auf den Hund. „Wie soll ich den Elefanten finden?" fragte der Hund, „ich bin ihm noch niemals begegnet und weiß nicht, wie er aussieht." „Das ist ganz einfach", bekam er zur Antwort, „er hat einen Buk-kel." Der Hund machte sich auf die Suche und traf eine Katze, die sofort einen Buckel machte. So überbrachte er ihr die Nachricht, und sie kehrten beide zurück. Doch als er die Katze mit dem Buckel der Versammlung als Elefanten vorstellte, erntete er nur schalendes Gelächter. Und damit begann die Feindschaft zwischen Hund und Katze.

Obwohl es noch nicht allzu lange her ist, seit die Deutschen ihre Wälder verließen, sind ihre Leistungen in Wissenschaft und Kunst nicht wenig beeindruckend. Sogar

---

*Eine weitere Anspielung auf Chen Xiying, der Lu Xun unterstellt hatte, „seine Motive dürften verschiedener Natur sein...", um dessen Schriften herabzusetzen.

Dinge wie Bucheinbände oder Spielzeug erregen allgemeine Bewunderung. Doch diese Kindergeschichte ist wirklich etwas banal. Der angeführte Grund für die Feindschaft entbehrt jeder Logik. Da die Katze ihren Buckel nicht deshalb machte, um sich aufzuspielen und wichtigzutun, liegt die Schuld einzig und allein beim Hund, der es am nötigen Scharfsinn fehlen ließ. Immerhin, als einen Erklärungsversuch kann man die Geschichte gelten lassen. Meine Abneigung gegen Katzen hat allerdings ganz andere Ursachen.

Im Grunde besteht keinerlei zwingende Notwendigkeit, eine allzu scharfe Trennungslinie zwischen Menschen und Tieren zu ziehen, denn auch in der Tierwelt geht es längst nicht so frei und ungebunden zu, wie die Alten annahmen. Die lästige und ermüdende Gespreiztheit der Menschen kennen die Tiere indes nicht. Sie folgen ihrer Natur, und niemals fiele es ihnen ein, ihre Handlungen, mögen sie nun falsch oder richtig sein, zu rechtfertigen. Maden sind vielleicht nicht sauber, aber sie brüsten sich auch nicht der Unbeflecktheit. Die Jagd von Geiern und Raubtieren auf schwächere Lebewesen mag man als grausam bezeichnen, aber sie haben auch noch nie das Banner der „Gerechtigkeit" und des „Rechts"* gehißt, um ihre Opfer zu veranlassen, sie bis zum Augenblick des Verschlungenwerdens zu loben und zu preisen. Als der Mensch lernte, aufrecht zu stehen, war das ein großer Fortschritt. Als er lernte zu sprechen, war das ein weiterer großer Fortschritt. Als er lernte zu schreiben, war das wiederum ein bedeutender Fortschritt. Aber er barg zugleich den Keim des Verfalls in sich, denn mit diesem Schritt begann das leere Geschwätz. Leeres Geschwätz ist noch nicht einmal das Schlimmste, doch wenn wir uns dazu verleiten lassen, Behauptungen aufzustellen, von deren Richtigkeit wir selbst nicht überzeugt sind, sollten wir uns vor den nicht

---

*Solche Ausdrücke wurden gern von reaktionären Professoren gebraucht, um ihre wahren Züge zu verbergen.

artikulierfähigen Tieren wahrlich schämen. Wenn es wirklich einen Schöpfer über uns gibt, der alle Lebewesen als gleich betrachtet, dann werden ihm diese schlauen Mätzchen der Menschen wahrscheinlich ziemlich überflüssig vorkommen. Ihm dürfte es genauso ergehen wie uns im Zoo beim Anblick von Purzelbäume schlagenden Affen oder Knickse machenden Elefantenweibchen. Sicher reizen diese Schaustückchen oft zum Lachen, aber zugleich rufen sie auch ein gewisses Unbehagen in uns hervor oder stimmen uns sogar traurig; wir haben das Gefühl, auf diese Mätzchen könnte gut und gern verzichtet werden. Aber wir sind ja Menschen; also „müssen wir uns mit Gesinnungsgenossen verbrüdern und Andersdenkende bekämpfen“ und uns nach Menschenart und gemäß der heutigen Mode rechtfertigen.

Was nun meine Antipathie gegen Katzen betrifft, so meine ich, dafür ausreichende Gründe zu haben, Gründe, die darzulegen ich mich nicht zu scheuen brauche. Erstens unterscheidet sich die Katze ihrem Charakter nach von anderen Raubtieren darin, daß sie ihre Beute nicht sofort tötet; im Gegenteil, wenn Katzen eine Maus oder einen Spatzen gefangen haben, müssen sie erst mit ihrem Opfer spielen, es freilassen und wieder fangen, abermals freilassen und wieder fangen — und das so lange, bis sie dieses Spiels überdrüssig geworden sind und ihr Opfer schließlich fressen. Ihr Verhalten erinnert nur allzu sehr an den unangenehmen Hang gewisser Menschen, sich am Unglück anderer zu ergötzen und deren Leiden in die Länge zu ziehen. Zweitens geben sich Katzen, obwohl sie zur Familie der Löwen und Tiger gehören, so fürchterlich gewöhnlich und kriecherisch. Das ließe sich mit ihrer Kleinheit entschuldigen, wer weiß, wie sie sich aufführen würden, wenn sie zehnmal größer wären. Indes mögen diese Argumente den Eindruck erwecken, als hätte ich sie mir im Moment des Schreibens aus den Fingern gesogen; sie sind mir aber ohne Zweifel schon früher gekommen. Eine einfachere Erklärung ist vielleicht dies: Ihr Miauen während der Paarungszeit ist zu einer solch aufwendigen Prozedur ausgeartet, daß es den Leuten auf die Nerven fällt, besonders nachts, wenn sie lesen oder schlafen möchten. Bei solchen Gelegenheiten bleibt mir nichts anderes übrig, als mich mit einer langen Bambusstange zur Wehr zu setzen. Wenn sich zwei Hunde auf der Straße paaren, werden sie regelmäßig von irgendwelchen Müßiggängern mit Stöcken bearbeitet. Einmal sah ich eine Radierung über dieses Thema von P. Bruegel d.Ä., genannt „Allegorie der Wollust", was beweist, daß es solche Erscheinungen schon immer gegeben hat, in China wie überall sonst auf der Welt. Seitdem jedoch der eigenwillige österreichische Gelehrte Sigmund Freud seine Theorie der Psychoanalyse verkündet hat — die Herr Zhang Shizhao mit dem schönen, altertümlich klingenden, aber schwer verständlichen Ausdruck „Herzensprüfung" übersetzt haben soll —, sind einige unserer Berühmtheiten und bedeutenden Professoren dazu übergegangen, von dieser Theorie zwecks Anspielungen und Andeutungen Gebrauch zu machen. Sie unterstellen, das Auseinandertreiben sich paarender Hunde müsse ebenfalls etwas mit dem Geschlechtstrieb zu tun haben. Um nun vom Verprügeln von Hunden wieder auf mein Schlagen von Katzen zurückzukommen, so greife ich zu solchen Mitteln einzig und allein ihres Miauens wegen, ganz ohne schlechte Gedanken. Ich bin fest davon überzeugt, daß ich noch nicht unter krankhafter Eifersucht leide. Da man heutzutage gewärtig sein muß, für jeden Schritt zur Rechenschaft gezogen zu werden, erlaube ich mir, dies von vornherein und ein für allemal klarzustellen. Die Menschen unterziehen sich zum Beispiel auch einer ziemlich langen Prozedur, bevor sie sich paaren. Das Neueste ist, sich Liebesbriefe zu schreiben, mindestens ein Päckchen, wenn nicht ein ganzes Paket. Das frühere Verfahren bestand darin, „Erkundigungen über den Namen einzuziehen", „Verlobungsgeschenke zu schicken" und unzählige Kotaos und Verbeugungen zu absolvieren.

Aber in der Familie Jiang aus Haichang letztes Jahr in Beijing Hochzeit gehalten wurde, setzte man drei volle Tage nur für die zeremoniellen Aufwartungen fest und ließ eigens für diesen Anlaß ein roteingebundenes „Hochzeitsbuch“ drucken, in dem es im Vorwort hieß: „Eine besonnene Betrachtungsweise wird zu der Einsicht führen, daß alle Riten sorgfältig und vollständig durchgeführt werden müssen. Wenn Einfachheit unser Ziel wäre, worin bestünde dann überhaupt die Notwendigkeit von Riten? … Wer die Riten achtet, sollte sich deshalb keinerlei Zurückhaltung bei ihrer Durchführung auferlegen. Sinken wir nicht herab auf das Niveau des gemeinen Volkes, das für die Riten zu tief steht!“ Ich habe mich beim Lesen dieser Zeilen nicht weiter aufgeregt, denn meine Anwesenheit war nicht erforderlich — wodurch erneut bewiesen wäre, daß meine Abneigung gegen Katzen wirklich nur auf ihr Miauen in meiner Hörweite zurückzuführen ist. Die verschiedenen Gebräuche und Riten, in denen andere schwelgen, gehen Außenstehende nichts an und kümmern mich nicht. Wenn aber einer auf die Idee käme, mich zu zwingen, das laute Lesen von Liebesbriefen mitzuhören und mit anderen Verbeugungen zu machen, wenn ich ein Buch lesen oder schlafen möchte, müßte ich mich ebenfalls mit einer langen Bambusstange zur Wehr setzen. Fast ebenso lästig sind mir Leute, mit denen ich für gewöhnlich wenig zu tun habe und die mir plötzlich eine rote Einladungskarte zur „Vermählung unserer jüngeren Schwester“ oder zur „Heirat unseres Sohnes“ schicken und mich „um die Ehre“ meiner Anwesenheit „bitten“ oder mich „ersuchen“, sie mit der „Gegenwart“ meiner ganzen Familie zu „beehren“. Über solche hintersinnigen Phrasen, die einen nur zu Geldausgaben für Geschenke verpflichten sollen, bin ich alles andere als erbaut.

Aber all diese Erwägungen sind erst jüngeren Datums. Meine Abneigung gegen Katzen stammt eigentlich schon aus einer Zeit, als ich noch nicht fähig war, die Gründe dafür darzulegen. Ich war damals vielleicht zehn Jahre alt, doch an den Anlaß kann ich mich noch sehr gut erinnern; es war ein ganz einfacher: Weil Katzen Mäuse fressen, das heißt, genauer gesagt, ein Mäuschen wurde gefressen, das ich gezähmt hatte und über alles liebte.

Im Westen, sagt man, sind schwarze Katzen nicht allzu beliebt. Inwieweit das tatsächlich zutrifft, entzieht sich meiner Kenntnis; die schwarze Katze Edgar Allen Poes jedenfalls ist wahrhaftig dazu angetan, einem Furcht einzuflößen. Japanische Katzen können sich in Geister verwandeln und verbreiten mit der Rücksichtslosigkeit, mit der diese legendären „Katzen-Kexen" Menschen verschlingen, fast noch größeren Schrecken. Auch China hatte in früheren Zeiten „Katzengeister". In den letzten Jahren hat man allerdings selten von der schwarzen Magie der Katzen gehört. Mag sein, daß sie ihre alten Zauberkräfte eingebüßt haben und anständig geworden sind. Trotzdem fühlte ich mich als Kind nie zu Katzen hingezogen, sie waren mir immer irgendwie unheimlich. In meinen Kindertagen lag ich einmal an einem Sommerabend auf einem kleinen Tisch unter einem großen duftenden Zimtbaum, während meine Großmutter neben mir saß, mir mit einem Platanenfächer Kühlung zufächelte und mich mit Rätseln und Geschichten unterhielt. Plötzlich ließen sich aus dem Zimtbaum die Kratzenden Geräusche von Krallen vernehmen, und aus der Dunkelheit bewegte sich ein Paar glühender Augen langsam nach unten auf mich zu. Ich schrak zusammen. Die Großmutter brach mitten im Märchen ab und erzählte mir ein anderes, das von Katzen handelte.

„Wußtest du, daß die Katze der Lehrmeister des Tigers war?" fragte sie mich. „Freilich, woher soll auch ein Kind wissen, daß die Katze einst der Lehrmeister des Tigers war! Nun, anfangs konnte der Tiger einfach gar nichts, deshalb wandte er sich an die Katze um Hilfe. Die Katze lehrte ihn, sich auf die Beute zu stürzen, sie zu packen und zu fressen, genauso, wie sie es bei ihrer Jagd nach Mäusen macht. Nach diesem Unterricht dachte der Tiger bei sich, daß er nun alle Künste beherrsche und allen Tieren, mit Ausnahme der Katze, seinem Lehrmeister, überlegen sei. Er brauchte nur mehr die Katze zu beseitigen, dann wäre seine Macht unbegrenzt. Er pirschte sich deshalb vorsichtig an die Katze heran. Aber die Katze, die seine Gedanken durchschaut hatte, war auf der Hut. Mit einem Satz war sie auf einem Baum, und der Tiger hatte das Nachsehen. Die Katze hatte dem Tiger nicht alle Künste gelehrt. Sie hatte ihm nicht gezeigt, wie man auf Bäume klettert."

Welch ein Glück dachte ich. Wie gut, daß der Tiger so ungeduldig war, sonst käme ein anderes Mal vielleicht ein Tiger den Zimtbaum herabgeklettert. Aber das ungute Gefühl, das sich meiner bemächtigt hatte, wollte nicht recht weichen. Es war vielleicht doch ratsam, im Haus zu schlafen. Die Dunkelheit brach herein, und die Blätter des Zimtbaums raschelten im Wind. Meine Bettmatte war sicher kühl genug, um ohne unruhiges Hin- und Herwälzen schlafen zu können.

Ein idealeres Gelände als einen jahrhundertealten, von einem Öllämpchen schwach beleuchteten Raum können sich Mäuse zum Austoben kaum wünschen. Unter lautem Gequieke schießen sie von einer Ecke in die andere und führen sich manchmal anmaßender auf als „Berühmtheiten" und „bedeutende Professoren". Wir hielten zwar eine Katze, aber sie war ihr Futter nicht wert. Meine Großmutter und andere Erwachsene pflegten ein großes Geschrei zu machen über durchgenagte Truhen und gestohlene Lebensmittel. Soweit ich mir darüber überhaupt Gedanken machte, war das in meinen Augen kein großes Verbrechen. Überdies waren solche Untaten den großen Ratten zuzuschreiben. Ich konnte nicht zulassen, daß man meine kleinen Freunde, die Mäuse, verleumderisch beschuldigte. Meine Lieblingsmäuse waren nicht größer als ein Daumen, huschten über den Fußboden und hatten keine besondere Scheu vor Menschen. Bei uns nannte man sie „Yinshu — versteckte Mäuse". Mit den

Monstern, die auf dem Dachboden hausten, hatten sie nichts gemein. Über meinem Bett hingen zwei kolorierte Holzschnitte. Das eine Bild mit dem Titel „Die Heirat des Ba Jie*“ bestand hauptsächlich aus langen Schnauzen und großen Ohren und gefiel mir nicht sonderlich. Das andere hieß „Mäusehochzeit“ und war sehr hübsch. Alle Mäuse darauf, vom Bräutigam und der Braut bis hinunter zum Zeremonienmeister, den Brautjungfern und den Gästen, hatten die hohen Backenknochen und schlanken Beine von Gelehrten, wowohl sie rote Jacken und grüne Hosen trugen. Ich glaube, nur meine Lieblingsmäuse waren wirklich in der Lage, eine solch aufwendige Zeremonie durchzuführen. Heute bin ich prosaischer. Begegne ich zum Beispiel einer Hochzeitsprozession auf der Straße, kann ich darin nur eine Werbaktion für Geschlechtsverkehr sehen und beachte sie kaum. Zu jener Zeit aber war mein Verlangen, eine „Mäusehochzeit“ zu sehen, so stark, daß ich überzeugt bin, ich hätte auch dann geduldig ausgeharrt, wenn sie wie im Fall der Familie Jiang aus Haichang drei Nächte gedauert hätte. Am Vorabend des Laternenfestes** schlief ich immer nur widerwillig ein, wartete ich doch gespannt darauf, eine solche Prozession unter meinem Bett hervorziehen zu sehen. Doch immer sah ich nur die gewöhnlich paar Mäuse ohne Kleider im Zimmer umherlaufen. Es war nur zu offensichtlich, daß sie keinerlei Hochzeit beiwohnten. Von Müdigkeit überwältigt, fiel ich schließlich enttäuscht in Schlaf, und wenn ich meine Augen wieder öffnete, war schon ein neuer Tag angebrochen, der Tag des Laternenfests. Wenn Mäuse heiraten, versenden sie wahrscheinlich keine Einladungskarten, um möglichst

---

*Gemeint ist das Schwein Ba Jie, eine Figur aus dem Roman „Die Pilgerfahrt nach dem Westen“ von Wu Cheng'en (1368–1644)

**Nach dem Volksglauben im Yangtse-Tal hielten die Mäuse am Vorabend des Laternenfestes (am 15. des 1. Monats nach dem Mondkalender) Hochzeit.

viele Geschenke zu ergattern, und machen sich nicht einmal etwas aus wirklich interessierten Zuschauern. Ich vermute, so haben sie es schon immer gehalten, und aller Protest ist zwecklos.

Der gefährlichste Feind der Mäuse ist keineswegs die Katze. Wenn gegen Ende des Frühlings lautes Quieken zu hören ist, heißt es im Volksmund: „Die Mäuse zählen Kupferstücke." Ihr Schlächter ist auf den Plan getreten. Diese Laute panischen Schreckens werden nicht durch das Auftauchen einer Katze ausgelöst. Natürlich stellt die Katze auch etwas Fürchterliches für die Mäuse dar, aber sie brauchen sich nur in ihre Löcher zu flüchten, und schon kann die Katze ihnen nichts mehr anhaben. Ihre Chance, zu entkommen, ist relativ groß. Nur dieser tödliche Schlächter, die Schlange, hat einen Leib, dessen Umfang nicht größer ist als der einer Maus und der es ihr erlaubt, ihrem Beutetier auch in den hintersten Schlupfwinkel zu folgen. Sie bleibt den Mäusen so ausdauernd auf der Spur, daß es nur wenigen gelingt, ihr zu entwischen. Wenn man eine Maus „Kupferstücke zählen" hört, gibt es für sie meist kein Entrinnen mehr.

Einmal hörte ich, wie in einem leeren Zimmer „Kupferstücke gezählt wurden". Ich öffnete die Tür und sah eine Schlange von einem Dachbalken herabhängen. Auf dem Boden lag eine kleine Maus. Aus ihrem Schnäuzchen sickerte Blut, aber sie atmete noch. Ich hob sie auf und legte sie in eine Pappschachtel, wo sie sich nach geraumer Zeit wieder soweit erholte, daß sie essen, trinken und sich bewegen konnte. Schon am nächsten Tag schien sie wieder ganz gesund zu sein. Von da an lief sie nicht mehr davon. Wenn ich sie auf den Fußboden setzte, lief sie auf die Umstehenden zu und kletterte an deren Beinen bis zum Knie hoch. Auf dem Eßtisch aß sie Krümel und leckte an Schüsserändern. Auf meinem Schreibtisch lief sie unbefangen umher und probierte die Tusche im Tuschstein. Das versetzte mich in helle Begeisterung. Mein Vater hatte mir erzählt, daß es in

China ein Tuschäffchen gäbe. Es sei nicht größer als ein Daumen und habe ein schwarzes, wie Lack glänzendes Fell. Sobald der Tuschstein gerieben würde, spränge es aus seiner Wohnung, dem Pinselglas, und warte, bis man mit dem Schreiben fertig sei und den Pinsel wieder zurückgesteckt habe. Dann würde es die übriggebliebene Tusche im Tuschstein auflecken. Wie lange hatte ich mir schon solch ein Tuschäffchen gewünscht! Ich hatte alle Leute gefragt, wo sie lebten oder wo man sie kaufen könne, aber niemand hatte mir Auskunft geben können. Man muß sich mit dem zufriedengeben, was man hat, tröstete ich mich und betrachtete die Maus als mein Tuschäffchen, auch wenn sie mit dem Auflecken der Tusche nicht immer wartete, bis ich mit dem Schreiben zu Ende war.

Ich kann mich nicht mehr genau erinnern, aber ich glaube, das Glück währte ungefähr einen oder zwei Monate, bis ich mich eines Tages so einsam fühlte, als hätte ich etwas unwiederbringlich verloren. Meine Maus war bisher auf ihren Erkundungsausflügen im Zimmer oder auf dem Tisch immer in meiner Nähe geblieben. An diesem Tag hatte ich sie jedoch schon mehrere Stunden lang nicht mehr zu Gesicht bekommen. Auch nach dem Mittagessen, wenn sie für gewöhnlich stets auftauchte, ließ sie sich nicht blicken. Ich wartete und wartete den ganzen Tag lang — von meiner Maus zeigte sich keine Spur.

Mutter Chang, meine Kinderfrau, fürchtete wohl, das Warten könnte mich zu sehr aufregen, denn sie kam ganz leise auf mich zu und flüsterte mir etwas ins Ohr, was mich rasend vor Wut machte und in Abgründe der Verzweiflung stürzte. Sie erzählte mir, daß meine Maus in der vorigen Nacht von einer Katze gefressen worden sei. Ich schwor den Katzen ewige Feindschaft.

Wenn ich Dinge verliere, die mir lieb und teuer sind, lassen sie in meinem Herzen eine Leere zurück, dies sich nur mit dem Durst nach Rache füllen läßt.

Meine Strafaktionen begann ich mit unserer gefleckten Hauskatze und dehnte sie allmählich auf alle Katzen aus, die mir über den Weg liefen. Anfangs beschränkte ich mich darauf, sie zu jagen und zu schlagen. Später verfeinerte ich meine Technik. Ich zielte mit Steinen nach ihren Köpfen oder lockte sie in leere Räume, wo ich sie gründlich züchtigte. Diesen Rachefeldzug führte ich solange durch, bis sich schließlich keine Katze mehr in meine Nähe wagte. Aber mein Sieg über die Katzen machte wahrscheinlich noch keinen Helden aus mir. Die Zahl der Menschen in China, die einen lebenslangen Krieg gegen Katzen führen, dürfte wohl auch beschränkt sein. Ich will deshalb auf meine vielen Kriegslisten und diversen Strafmethoden nicht weiter eingehen.

Im übrigen kam mir irgendwie durch Zufall einige Zeit später, nach einem halben Jahr oder mehr, zu Ohren, daß meine Maus gar nicht von einer Katze gefressen worden war — sie war vielmehr bei dem Versuch, die Beine von Mutter Chang hochzuklettern, von dieser totgetreten worden.

An diese Möglichkeit hatte ich nie gedacht. An meine unmittelbare Reaktion kann ich mich nicht mehr erinnern; die Nachricht kam auf jeden Fall zu spät für eine Wiederaussöhnung mit den Katzen. Als ich nach Beijing kam, erhielt meine alte Feindschaft neue Nahrung. Eine Katze wütete unter meinen kleinen Kaninchen, und ich traf so harte Gegenmaßnahmen, daß sie mir den Ruf eines Katzenhassers eintrugen. Das alles liegt nun schon lange zurück. Meine Haltung zu Katzen ist heute von äußerster Höflichkeit gekennzeichnet. Verscheuchen ist das äußerste Mittel, zu dem ich notfalls greife. Niemals fiele mir ein, sie zu schlagen oder gar zu töten. Wenn das kein gewaltiger Fortschritt gegenüber früheren Jahren ist! Über einen langen Zeitraum gesammelte Erfahrungen brachten mich eines Tages zu der Erkenntnis, daß von zehn Leuten neun sich ärgern, wenn Katzen Fisch oder Fleisch stehlen, Küken verschleppen oder mitten in der

Nacht miauen; und dieser Ärger richtet sich natürlich gegen die Katzen. Jeder Versuch meinerseits aber, mittels Schlagen oder Töten von Katzen die Menschheit von diesem Ärger zu befreien, macht die Katzen sofort zu Objekten des Mitleids, während der Ärger auf mich übertragen wird. Meine gegenwärtige Methode ist deshalb folgende: Wenn immer mir eine Katze lästig wird, gehe ich vor die Tür und rufe: „Fort! Verschwinde!“ Hat sich die Lage ein wenig beruhigt, kehre ich zu meiner Arbeit zurück. Auf diese Weise bewahre ich mir meine Fähigkeit, unser Heim gegen äußere Aggression zu schützen. Und in der Tat bedienen sich auch nicht wenige chinesische Offiziere und Soldaten dieser bewährten Methode. Man zieht es vor, Raubgesindel nicht gänzlich auszurotten und den Feind nicht völlig zu vernichten, denn sonst bestünde ja die Gefahr, die hohe Achtung, die man genießt, oder gar Funktionen und Posten zu verlieren. Wenn es mir gelänge, noch mehr Leute von dieser Taktik zu überzeugen, könnte ich mir möglicherweise begründete Hoffnungen machen, in die Reihen der „älteren Generation“, deren Aufgabe es ist, „die Jugend anzuleiten“, aufgenommen zu werden. Aber noch habe ich nicht entschieden, ob ich meine Gedanken in die Tat umsetzen soll. Die Angelegenheit befindet sich noch im Stadium der Prüfung und Überlegung.

21. Februar 1926

A Chang und das Buch der Sagen von Bergen und Meeren

Mama Chang war, wie ich schon berichtet habe, das Dienstmädchen, das mich zu beaufsichtigen hatte, oder — um mich etwas gewählter auszudrücken — meine Kinderpflegerin. So wurde sie nämlich von meiner Mutter und vielen anderen genannt, denn das klang vornehmer. Nur meine Großmutter rief sie „A Chang". Ich ließ „Chang" gewöhnlich fort und redete sie mit „A Ma" an. Aber wenn ich böse auf sie war — zum Beispiel, als ich erfuhr, daß sie es gewesen war, die meine Maus umgebracht hatte —, sagte ich auch „A Chang" zu ihr.

In unserer Gegend führte niemand den Familiennamen Chang. Der Name paßte andererseits weder vom Wortsinn* zu ihr, denn sie war dunkelhäutig, klein und dicklich, noch war er ihr Rufname. Ich erinnere mich dunkel, einmal von ihr gehört zu haben, sie hieße eigentlich Soundso-Mädchen. Was dieses Soundso war, habe ich vergessen; „Chang" bestimmt nicht. Ihren Familiennamen habe ich auch niemals erfahren. Ich entsinne mich, daß sie mir einmal erklärt hat, wie sie zu dem Namen Chang gekommen war. Vor vielen vielen Jahren hatte es in unserer Familie ein Dienstmädchen von sehr hohem Wuchs gegeben, die „A Chang" gerufen wurde. Nach dessen Fortgang hatte mein Soundso-Mädchen die Stelle übernommen. Da niemand im Haus den Namen, an den man sich schon so gewöhnt hatte, ändern wollte, wurde sie eben auch zu Mama Chang.

Es gehört sich zwar nicht, Schlechtes über andere Leute hinter deren Rücken zu sagen, aber wenn ich aufrichtig sein soll, ich hatte keine sehr hohe Meinung von ihr. Am meisten mißfiel mir ihre Klatschsucht: Ständig hatte sie irgendetwas

---

*Chang bedeutet „groß".

jemandem ins Ohr zu flüstern, wobei sie die Angewohnheit hatte, ihren ausgestreckten Zeigefinger auf und ab zu bewegen oder damit abwechselnd auf ihre Nase oder auf die ihres Gegenübers zu deuten. Wann immer es Krach im Haus gab, hatte ich den Verdacht, daß sie und ihr Getratsche nicht ganz unbeteiligt daran waren. Sie behinderte mich auch stark in meiner Bewegungsfreiheit. Riß ich nur einen Grashalm aus oder drehte einen Stein um, schalt sie mich einen ungezogenen Jungen und drohte, meiner Mutter davon zu berichten. Und im Bett streckte sie im Sommer ihre Arme und Beine wie ein riesiges „大“* so weit von sich, daß mir kaum noch genügend Raum zum Umdrehen blieb und mein Platz auf der Matte unerträglich heiß wurde. Stieß ich sie an, rührte sie sich nicht; rief ich laut, hörte sie nicht.

„Mama Chang! Du bist so dick — es muß dir ja schrecklich heiß sein! Kannst du denn überhaupt schlafen in dieser seltsamen Lage?“

Es war meine Mutter, die diese Frage stellte, nachdem sie mich immer wieder hatte klagen hören. Ich wußte, daß sie ihr bedeuten wollte, mir ein wenig mehr Platz einzuräumen. A Chang sagte kein Wort. Aber als ich in der nächsten Nacht wieder vor Hitze aufwachte, lag immer noch ein großes „大“ auf dem Kang und darüber hinaus eine Hand quer über meiner Gurgel. Es schien wirklich keinen Ausweg zu geben.

Ebenso beharrlich war sie generell im Festhalten am Althergebrachten, und die meisten der von ihr befolgten Bräuche konnten einen zur Verzweiflung bringen. Der schönste Moment des Jahres war natürlich der Abend vor Neujahr. Nachdem wir das alte Jahr verabschiedet hatten, legte ich das in rotes Seidenpapier gewickelte Geld, das mir Verwandte der älteren Generation geschenkt hatten, neben mein Kopfkissen. Ich durfte es am nächsten Morgen ausgeben, wofür ich wollte. Den Kopf auf das Kissen gebettet und das

---

*大 (da) — chinesisches Schriftzeichen, bedeutet „groß“.

rote Päckchen vor Augen, malte ich mir aus, was ich am anderen Morgen dafür kaufen würde: eine kleine Trommel, Schwert und Gewehr, Tonfiguren, einen Zuckerbuddha... Da kam sie und legte eine „Glücksorange" auf das Kopfende des Betts.

„Paß gut auf, mein Sohn!" sagte sie erst. „Morgen ist der erste Tag des ersten Monats. Wenn du die Augen aufschlägst, mußt du als erstes zu mir sagen: ‚Viel Glück, A Ma!' — Wirst du daran denken? Du mußt daran denken, denn davon hängt das Glück des ganzen Jahres ab. Kein einziges anderes Wort darfst du sagen! Und wenn du das zu mir gesagt hast, mußt du eine Scheibe von der Glücksorange essen." Sie nahm die Orange und schwenkte sie vor meinen Augen hin und her:

„Dann wirst im nächsten Jahr du sehn,
daß alles wie am Schnürchen geht."

Selbst im Traum vergaß ich Neujahr nicht und wachte am nächsten Morgen besonders früh auf. Sobald ich die Augen öffnete, wollte ich mich aufrichten, als mich ihre Hand auch schon wieder niederdrückte. Ich sah sie verdutzt an; ihr Blick war flehend auf mich gerichtet.

Wie beschwörend packte sie mich an der Schulter, schüttelte mich, und plötzlich fiel mir wieder ein...

„Viel Glück, A Ma!"

„Viel Glück! Viel Glück für uns alle! Kluger Junge! Viel Glück!" Sie strahlte vor Freude und schob mir lachend etwas Eiskaltes in den Mund. Als ich mich von dem Schreck erholt hatte, wurde mir klar, daß das die Glücksorange gewesen sein mußte. Nachdem ich so die Präliminarien für das neue Jahr glücklich hinter mich gebracht hatte, durfte ich aufstehen und spielen.

Sie brachte mir noch viele andere wissenswerte Dinge bei. Wenn zum Beispiel jemand starb, durfte man nicht sagen, er sei tot, sondern „er ist dahingegangen". Ein Raum, in dem jemand gestorben oder ein Kind geboren worden war, durfte nicht betreten werden. Ein auf den Boden gefallenes Reiskorn mußte man aufheben und am besten gleich essen. Unter allen Umständen sollte man vermeiden, unter einer Bambusstange hindurchzugehen, an der Hosen oder Unterhosen zum Trocknen hingen... Es gab noch viele andere Regeln. Die meisten davon habe ich vergessen; nur an die seltsamen Neujahrsbräuche erinnere ich mich noch ganz deutlich. Um es kurz zu machen: das war alles eine derart verschrobene Umstandskrämerei, daß mich allein schon der Gedanke daran ungeduldig macht.

Aber einmal überkam mich dann doch ungeheure Hochachtung vor meiner A Ma. Sie pflegte mir oft Geschichten von den Langhaarigen zu erzählen. Zu den „Langhaarigen" schien sie nicht nur die Truppen Hong Xiuquans* zu rechnen, sondern sämtliche späteren Räuberbanden und Rebellen ebenso, mit Ausnahme der modernen Revolutionäre, die es damals noch nicht gab. Nach ihrer Beschreibung waren die Langhaarigen furchterregende Gestalten, deren Sprache kein Mensch verstand. Als die Langhaarigen in unsere Stadt einrückten, sei meine gesamte Familie ans Meer geflüchtet. Man habe nur einen Torwächter und eine alte Kochfrau zurückgelassen, die nach dem Anwesen sehen und das Eigentum schützen sollten. Und wirklich kam ein Langhaariger auch zu unserem Haus. Die alte Frau redete ihn mit „Großer König" an — das scheint die Anrede für die Langhaarigen gewesen zu sein — und klagte ihm, sie sei am Verhungern.

„Dem kann geholfen werden", antwortete der Langhaarige grinsend. „Hier hast du was zu essen!" Mit diesen Worten warf er ihr etwas Rundes zu, an dem ein kleiner Schwanz hing — es war der Kopf des Torwächters! Die alte Frau habe

*Hong Xiuquan (1814–1864) war der Führer der Taiping-Revolution (1851–1864).

sich nie mehr ganz erholt. Sooft später die Rede darauf kam, wurde sie aschfahl und faßte sich an die Brust. „Aiya!" wimmerte sie dann. „Ich wäre ja vor Schreck beinahe gestorben, gestorben vor Schreck..."

Ich war keineswegs erschrocken, sah ich doch keinerlei Zusammenhang zwischen der Geschichte und mir — ich war schließlich kein Torwächter. A Chang schien meine Gedanken erraten zu haben.

„Die Langhaarigen verschleppten kleine Jungen wie dich genauso, um kleine Langhaarige aus ihnen zu machen. Und mit hübschen Mädchen machten sie es nicht anders."

„Dann hätte dir sicher nichts passieren können."

Meiner Meinung nach war sie völlig sicher gewesen. Sie war weder ein Torwächter noch ein kleiner Junge oder ein hübsches Mädchen. Zudem hatte sie im Nacken ein paar Narben vom Kauterisieren.

„Wie kannst du so etwas sagen!" rief sie entrüstet aus. „Waren wir vielleicht nicht nützlich für sie? Sie schleppten uns ebenso fort. Waren Regierungstruppen im Anmarsch auf die Stadt, so zwangen sie uns, die Hosen auszuziehen und uns nebeneinander auf der Stadtmauer aufzustellen; dann wurden die Geschütze der Armee unbrauchbar. Wenn man sie abfeuerte, explodierten sie!"

Das hätte ich mir in meinen kühnsten Träumen nicht vorgestellt. Ich war einfach sprachlos vor Staunen. Bisher war A Chang für mich bloß ein wandelndes, mit lästigen Ritualen und Vorschriften vollgestopftes Museum gewesen. Ich hatte niemals vermutet, daß sie solche übernatürlichen Kräfte besaß, und hegte fortan besondere Hochachtung für sie. Sicherlich war ich nicht imstande, die Tiefe ihres Wesens zu ergründen, und es war ganz selbstverständlich, daß sie in der Nacht Arme und Beine von sich streckte und das ganze Bett in Beschlag nahm und daß ich ihr Platz machen mußte.

Natürlich schwächte sich diese Hochachtung mit der Zeit etwas ab. Aber ich glaube, sie erlosch erst vollständig, als ich erfuhr, daß sie es gewesen war, die meine Maus getötet hatte. Ich unterzog sie damals einem strengen Kreuzverhör und redete sie ins Gesicht mit „A Chang“ an. Ich war weder ein kleiner Langhaariger, noch hatte ich vor, eine Stadt anzugreifen oder ein Geschütz abzufeuern, brauchte mich also nicht vor explodierenden Kanonen in Acht nehmen — warum also, dachte ich, sollte ich mich vor ihr fürchten?

Eben zu jener Zeit der Trauer um meine Maus und des damit einhergehenden Rachefeldzugs, waren meine Gedanken jedoch noch von etwas anderem beansprucht: ich wünschte mir sehnlichst eine illustrierte Ausgabe des „Buchs der Sagen von Bergen und Meeren“*. Ein Großonkel aus der entfernteren Verwandtschaft hatte diesen Wunsch in mir geweckt. Er war ein dicker, freundlicher alter Herr, der sich mit Vorliebe mit der Aufzucht seltener Pflanzen beschäftigte, wie dem Chloranthus und dem Seidenbaum, von dem es heißt, es stamme aus dem Norden. Seine Frau war das genaue Gegenteil von ihm; sie verstand absolut nichts von Blumen und Pflanzen. Als sie einmal einen Chloranthuszweig abbrach bei dem Versuch, diesen zum Abstützen einer mit Wäsche behängten Bambusstange zu benutzen, war ihre einzige Reaktion, den Chloranthus eine „Leiche“ zu schimpfen. Der alte Mann, der ganz zurückgezogen lebte und niemanden hatte, mit dem er sich unterhalten konnte, hatte gerne Kinder um sich und nannte uns oft seine „kleinen Freunde“. Auf dem Anwesen, wo mehrere Familien unserer Sippe wohnten, war er der einzige, der viele und noch dazu seltene Bücher besaß. Es versteht sich von selbst, daß er die Bände mit den für die staatlichen Prüfungen verfaßten Abhandlungen und Gedichten**

---

*Dieses Buch aus der Zeit der Streitenden Reiche (475–221) v.u.Z.) enthält viele frühe Mythen und Legenden.

**Gemeint sind „Bagus“, „achtgliedrige“ Aufsätze, die konfuzianistische Lehrsprüche zum Thema hatten, und Gedichte über einen Vers eines klassischen Dichters, die meist aus acht Verszeilen zu je fünf Schriftzeichen bestanden.

besaß; aber nur in seiner Bibliothek konnte ich Lu Jis „Kommentar zur Pflanzen- und Tierwelt im ‚Buch der Lieder'"* und viele andere ebenso ungewöhnliche Titel finden. Mein Lieblingsbuch in jenen Tagen war der „Blumenspiegel"* mit seinen vielen Illustrationen. Mein Großonkel erzählte mir, es gäbe eine illustrierte Ausgabe vom „Buch der Sagen von Bergen und Meeren", worin Tiere mit Menschengesichtern abgebildet seien, neunköpfige Schlangen, dreifüßige Vögel, Menschen mit Flügeln und Ungeheuer ohne Kopf, die ihre Brustwarzen als Augen benutzen... Leider hatte er es verlegt.

Ich hätte mir solche Bilder gar zu gerne angesehen, aber ich konnte ihn nicht gut drängen, danach zu suchen. Er war sehr träge, und niemand, den ich fragte, wollte mir eine ernsthafte Antwort geben. Da besaß ich nun einige Hundert Kupferkäsch Neujahrsgeld und hatte keine Möglichkeit, mir dieses Buch zu besorgen. Unser Haus lag weit entfernt von der Straße, auf der Bücher verkauft wurden, und während der Neujahrsfeiertage, der einzigen Zeit im Jahr für mich, dort hinzugehen und mich umzusehen, waren die beiden Buchläden fest verschlossen.

Solange ich spielte, war alles in Ordnung; aber sobald ich stillsaß, fiel mir das illustrierte „Buch der Sagen von Bergen und Meeren" wieder ein.

Das Buch beschäftigte mich so sehr, daß mich eines Tages sogar A Chang fragte, worum es sich dabei eigentlich handele. Mit ihr darüber zu sprechen, war mir völlig zwecklos erschienen, denn ich wußte ja, sie war gänzlich unbelesen. Da sie sich nun so direkt danach erkundigte, erklärte ich ihr alles.

Ungefähr zwei Wochen oder einen Monat später, wenn ich mich recht entsinne, ging sie für vier oder fünf Tage zu ihrer Familie auf Urlaub. Als sie zurückkam — angetan mit einer

---

*Dieses Werk aus dem 3. Jahrhundert ist eine Untersuchung über die in dem „Buch der Lieder" erwähnte Tier- und Pflanzenwelt.

**Ein Handbuch für Gärtner von Chen Haozu aus dem 17. Jh.

neuen, blauen Baumwolljacke —, überreichte sie mir ein Päckchen, sobald sie meiner ansichtig wurde.

„Hier, mein Sohn!“ sagte sie strahlend. „Ich habe dir dieses Sagenbuch mit den Reimen und Bildern gekauft.“

Ich war wie vom Donner gerührt. Hastig griff ich nach dem Päckchen und wickelte das Papier auf. Es waren vier schmale Bändchen, und wahrhaftig, als ich sie durchblätterte, fand ich das Tier mit dem Menschengesicht, die neunköpfige Schlange… nichts fehlte.

Wieder erfüllte mich Ehrfurcht vor ihr. Was andere nicht tun wollten oder konnten, hatte sie vollbracht. Sie mußte wirklich übernatürliche Kräfte besitzen. Mit meinem Groll gegen sie, weil sie meine Maus umgebracht hatte, war es endgültig vorbei.

Diese vier Bände waren meine ersten eigenen Bücher, und meine kostbarsten zugleich.

Noch heute sehe ich sie vor mir. Nur scheint mir im nachhinein, daß Druck und Bilder äußerst grob und primitiv waren. Das Papier war gelblich, und die unbeholfenen Darstellungen bestanden eigentlich nur aus geraden Strichen, die sich irgendwo trafen; selbst die Augen der Tiere waren als einfach Rechtecke gezeichnet. Aber trotz aller Mängel war dieses Buch mein kostbarster Schatz. Hier konnte man wirklich dem Tier mit dem Menschengesicht und der neunköpfigen Schlange begegnen, dem einfüßigen Ochsen, dem sackähnlichen Ungeheuer Di Jiang und dem kopflosen Xing Tian, der „seine Brustwarzen als Augen und seinen Bauchnabel als Mund benutzte“ und „mit Schwert und Schild tanzte“!

Von da an begann ich gezielt illustrierte Bücher zu sammeln. Ich besorgte mir die „Phonetik und Illustrationen zum ‚Er Ya‘“* und die „Illustrationen zum ‚Buch der

---

*Eine der vielen bekannten Ausgaben des „Er Ya“, einem um das 2. Jahrhundert v.u.Z. Herausgegebenen Lexikon.

Lieder“"* — beides lithographierte Ausgaben. Ich hatte auch die „Bildersammlung von Dian Shi Zhai“** und das „Bilder- und Gedichtstudio“***. Vom „Buch der Sagen von Bergen und Meeren“ erwarb ich noch eine andere lithographierte Ausgabe mit Illustrationen und Versen am Ende eines jeden Kapitels. Dieses Buch — mit grün gedruckten Abbildungen und rot gedrucktem Text — war viel hübscher als die Holzdruck-Ausgabe; ich hatte es noch bis vorletztes Jahr in meinem Besitz, eine kleine Ausgabe mit einem Kommentar von Hao Yixing****. Wann mir die Holzdruck-Ausgabe abhanden kam, weiß ich nicht mehr.

Meine Kinderpflegerin, Mama Chang oder A Chang, wird diese Welt vor ungefähr dreißig Jahren verlassen haben. Weder ihren richtigen Namen, noch ihre Lebensgeschichte habe ich jemals ermitteln können. Ich weiß nur, daß sie einen Adoptivsohn hatte, sie muß also schon früh Witwe geworden sein.

Gütige dunkle Mutter Erde, möge ihre Seele für immer in Frieden in deinem Schoß ruhen!

10. März

---

*Ein japanisches Werk aus dem 18. Jahrhundert.

**Eine 1885 herausgegebene Sammlung mit Bildern von chinesischen und japanischen Künstlern.

***Eine im späten 16. Oder frühen 17. Jahrhundert zusammengestellte Sammlung von Bildern mit dazugehörigen Gedichten.

****Hao Yixing (1757–1825), ein Gelehrter aus der Qing-Dynastie.

Das Bilderbuch der vierundzwanzig Beispiele für Kindespflicht

Ich werde niemals aufhören, in der ganzen Welt nach dem gräßlichsten, gräßlichsten Fluch für all diejenigen zu suchen, die sich der Benutzung der Umgangssprache in der Literatur widersetzen oder sie hintertreiben. Selbst wenn die Seele des Menschen nach dem Tode weiterleben und ich aufgrund solcher Böswilligkeit in die Hölle kommen sollte — ich würde niemals bereuen und niemals aufhören, diejenigen zu verfluchen, die sich der Benutzung der Umgangssprache in der Literatur widersetzen oder sie hintertreiben.

Wenigstens ist man seit der sogenannten „literarischen Revolution"* dazu übergegangen, Kinderbücher zu illustrieren, und obwohl sich die chinesischen im Vergleich zu den europäischen, amerikanischen und japanischen immer noch äußerst dürftig ausnehmen, können sie heute doch von allen Kindern, die lesen gelernt haben, verstanden werden. Trotzdem gibt es einige Leute, die — aus welchen Gründen auch immer — die Verbreitung solcher Bücher zu verhindern trachten mit dem Ziel, in der Welt der Kinder auch die geringste Spur von Freude zu tilgen. In Beijing wird oft der Ausdruck „Mahuzi" gebraucht, um Kindern Angst zu machen. Einige vermuten, der Ausdruck leite sich von Ma Shumou ab, der den Bau des Großen Kanals für den Kaiser Yang Di von Sui leitete und der nach dem „Bericht über den Bau des Kanals"** Kinder bei lebendigem Leibe zu dünsten pflegte. Eigentlich müßte der Ausdruck also „Ma der Hunne" heißen. Aber ob nun Ma ein Hunne war oder nicht, er kann nicht ewig Kinder gefressen haben — allenfalls

*Gemeint sind die Reformen in der Literatur während der Bewegung des 4. Mai 1919.

**Eine Prosadichtung aus dem 10. (?) Jahrhundert.

so lange er lebte. Diejenigen jedoch, die den Schriftgebrauch der Umgangssprache hintertreiben, sind schlimmer als Überschwemmungen oder wilde Raubtiere; ihr verderblicher Einfluß ist so weitverbreitet und so zählebig, daß er ganz China in einen „Ma den Hunnen“ zu verwandeln droht, in dessen mörderischen Magen sämtliche Kinder verschwinden.

Tod all denen, die sich zur Ermordung der Umgangssprache verschworen haben!

„Bedeutende Persönlichkeiten“ werden sich freilich ob solcher Worte sofort die Ohren zu halten, denn dies sind Worte von einem, „der in die Luft springt und andere in Stücke reißt, der sein Lästermaul nicht zügeln kann“*. Die „Gebildeten“ werden ihn verdammen wegen seines offenen Bruchs mit „literarischen Gepflogenheiten“ und des daraus resultierenden Verlusts an „menschlicher Würde“. Heißt es denn nicht, daß die „Worte verraten, was sich im Herzen verbirgt“? Natürlich hängen „literarischer Stil“ und „menschliche Würde“ miteinander zusammen; und doch geschehen in dieser Welt immer noch Wunder. So gibt es eine besondere Spezies von Professor, der das „Prestige“ eines Schriftstellers „nicht schätzen kann“ aber „zugeben muß, daß er gute Kurzgeschichten schreibt“. Mir kann man damit keinen Eindruck machen, denn noch bin ich auf keinen „Elfenbeinturm“ geklettert, und brauche deshalb nicht auf der Hut zu sein. Sollte ich, ganz unbewußt, bereits auf einen Elfenbeinturm geraten sein, geschähe es mir nur recht, wenn ich herunterfiele. Doch noch im Fallen würde ich rufen:

Tod all denen, die sich zur Ermordung der Umgangssprache verschworen haben!

Wann immer ich ein Kind völlig versunken in dieser primitiv aufgemachten „Kinderwelt“** oder ähnlichem lesen sehe, muß ich an die ausgezeichneten Kinderbücher in anderen

---

*Professor Chen Xiying über Lu Xun.

**Ein Wochenmagazin aus der damaligen Zeit.

Ländern denken und kann die chinesischen Kinder nur zutiefst bedauern. Wenn ich indes an meine eigene Kinderheit und die meiner Klassenkameraden zurückdenke, erscheint mir das Los der heutigen Kinder geradezu glücklich. Meiner nun für immer dahingegangenen Jugend kann ich nur mit Wehmut gedenken. Was hatten wir schon zu lesen? Egal, was für ein Buch es war, einige wenige Bilder genügten unserem Lehrer bereits — diesem damals für die „Anleitung der Jugend" verantwortlichen Vertreter der „älteren Generation" —, um es uns zu verbieten. Wer sich beim Lesen eines solchen Buchs erwischen ließ, bekam einen Verweis oder manchmal sogar den Rohrstock auf den Fingern zu spüren. Hatten sich meine Schulkameraden bei der ständigen Lektüre des Buchs „Der Mensch ist von Natur aus gut" zu Tode gelangweilt, war ihre einzige Rettung ein verstohlener Blick auf die erste Seite, um an dem Schrecken einflößenden Bild von Kuixing* mit der Unterschrift „Der Stern der Literatur strahlt am Firmament" ihre angeborene kindliche Liebe für das Schöne zu befriedigen. Tag für Tag war dieses Bild das einzige, was es anzuschauen gab, und doch glühten ihre Augen jedesmal vor Entzücken und wachsendem Verständnis.

Außerhalb der Schule waren die Beschränkungen weniger scharf — zumindest in meinem Fall, denn bei jedem lagen die Verhältnisse natürlich anders. Ich konnte offen in Gegenwart anderer „Der Gott Wenchang belohnt die Tugend" und die „Aufzeichnungen des Jade-Kalenders"** lesen. Beides waren illustrierte Geschichten, die dem Leser mit Bildern vom Donnergott und der Lichtgöttin im Himmel und den ochsenköpfigen und pferdegesichtigen Teufeln in der Hölle anschaulich vor Augen führten, wie im Reich des Unbekannten einem jeden das seine zuteil wird. Jede unbedachte Äußerung, jeder noch so flüchtige, ungeziemende

---

*Der Gott des literarischen Talents in der alten chinesischen Mythologie.

**Zwei alte religiöse Bücher.

Gedanke fand hier seine gebührende Bestrafung, und es versteht sich von selbst, daß „in die Luft springen“gegen die himmlische Ordnung verstieß. Das war keine Frage „persönlicher Abneigung“, denn wo Götter und Geister regieren, herrscht Gerechtigkeit. Etwa mit Festen um Gunst zu buhlen oder auf Knien um Gnade zu flehen, war völlig zwecklos — es gab kein Entrinnen. Im chinesischen Kosmos ist das Menschsein entsetzlich schwierig, und die verstorbenen Seelen haben es keineswegs leichter. Trotz alledem, es gibt einen besseren Ort als die Welt der Lebenden, einen Ort ohne „bedeutende Persönlichkeiten“ und „Gerede“.

Für die Unterwelt ein gutes Wort einzulegen, ist nicht ganz ungefährlich. Dies gilt im heutigen China unter der Herrschaft des „Geredes“ und zu einer Zeit, wo „Übereinstimmung zwischen Wort und Tat“ gefordert wird besonders für alljene, deren Arbeitsgerät der Schreibpinsel ist. Dafür gibt es warnende Beispiele genug. So habe ich gehört, Arzybaschew* habe einmal einem Mädchen geantwortet, nur wenn man das Glück im Hier und Heute fände, lohne es sich, weiterzuleben; wem dies nicht gelänge, wäre besser tot. Über diese Äußerung machte sich ein gewisser Michailow in einem offenen Brief lustig: „Wenn dem so ist, kann ich Ihnen allen Ernstes nur empfehlen, sich selbst das Leben zu nehmen; denn erstens wäre dieser Schritt der einzig logische, und zweitens würden Sie damit beweisen, daß Sie wirklich zu Ihren Worten stehen.“

Genau genommen, kommt ein solches Argument einer Aufforderung zum Mord gleich. Das scheint wohl Michailows Methode zu sein, sich Glück zu verschaffen. Arzybaschew beschränkte sich auf bittere Klagen; er beging nicht Selbstmord. Was aus Michailow wurde, wissen wir nicht. Dieses spezielle Glück entschlüpfte ihm, aber wer weiß, vielleicht fand er Ersatz dafür. Sicherlich: „In Zeiten wie

---

*Russischer Schriftsteller, 1878–1927.

diesen ist Kühnheit der sicherste Weg; die Leidenschaft birgt keine Gefahr."

Abzustreiten, daß ich weiter oben die Hölle gepriesen habe, ist es nun zu spät. Zweifellos wird man auch mir den Vorwurf machen, meine Worte und Taten stimmten nicht überein. Zu meiner Verteidigung kann ich nur hoch und heilig schwören, daß ich niemals auch nur einen halben Cent vom Höllenfürsten oder einem seiner unteren Chargen angenommen habe. Doch kehren wir zum Thema zurück.

All diese Bilder aus der Unterwelt fand ich in alten Büchern unserer Familienbibliothek; meine eigenen enthielten nichts dergleichen. Mein allererstes Bilderbuch, ein Geschenk von einem meiner Onkel, war „Das Bilderbuch der vierundzwanzig Beispiele für Kindespflicht"*, ein schmales Bändchen mit einer Erläuterung am Kopf eines jeden Bildes. Ich war begeistert davon, handelte es doch entschieden mehr von Menschen als von Geistern und gehörte darüber hinaus auch noch mir ganz allein. Die Geschichten waren offensichtlich allen bekannt, selbst so völlig Ungebildeten wie Mama Chang, die nur einen Blick auf eines der Bilder zu werfen brauchte, um sich in langen Erörterungen zu ergehen. Doch meiner anfänglichen Freude folgte tiefe Enttäuschung, als ich mich näher nach dem Inhalt der vierundzwanzig Geschichten erkundigte und erkennen mußte, wie schwierig es war, den „Kindespflichten" zu genügen. Meine Hoffnung, auch ein „pflichtbewußter Sohn" zu werden, war gründlich zerstört.

„Ist der Mensch von Natur aus gut?" Ich habe nicht vor, mich ausführlicher mit diesem Thema zu beschäftigen, doch erinnere ich mich dunkel, als Kind niemals die Absicht gehabt zu haben, „pflichtvergessen" zu sein, daß ich im Gegenteil immer wünschte, meinen Eltern ein guter Sohn zu sein. Aber ich war jung und unwissend; was ich mir unter

*Im 14. Jahrhundert von Guo Chuqing gesammelt.

„Kindespflichten“ vorgestellt hatte, waren Dinge wie Gehorchen, Befolgen von Vorschriften und die Sorge, um das Wohlergehen meiner betragten Eltern, wenn ich einmal groß wäre. Erst dieses Buch über die Kindespflichten klärte mich auf: es war tausendmal schwieriger!

Sicher gab es einige Vorbilder, denen man nacheifern konnte, wie „Zilu trägt Reis“ oder „Huang Xiang fächelt die Kopfkissen“; auch „Lu Ji steckt Mandarinen ein“ war noch recht einfach, vorausgesetzt, man wurde von irgendeinem wohlhabenden Mann zum Essen eingeladen. Fragte der dann: „Warum, Herr Lu Xun, stecken Sie sich meine Mandarinen ein?“, so mußte ich mich auf die Knie werfen und antworten: „Meine Mutter liebt Mandarinen über alles. Ich wollte ihr welche mitbringen.“ Dann würde der Reiche voller Bewunderung für mich sein, und ich hätte mir mit relativ geringem Aufwand einen Namen als pflichtbewußter Sohn gemacht.

„Mit Tränen Bambus zum Sprießen bringen“ stellte schon ein größeres Problem dar, denn es schien mir äußerst fraglich, ob die Aufrichtigkeit meiner Gefühle ausreichte, Himmel und Erde in solchem Ausmaß in Bewegung zu setzen. Immerhin, ein größeres Risiko, als das Gesicht zu verlieren, wäre man im Falle eines Fehlschlags nicht eingegangen. „Auf dem Eis liegen, um Karpfen zu fangen“ konnte jedoch eine Frage von Leben und Tod sein. Das Klima in meiner heimatlichen Gegend ist so milde, daß sich auch im tiefsten Winter nur eine dünne Eisschicht auf dem Wasser bildet. Ein Kind — wie leicht auch immer — auf diesem Eis, und es würde unweigerlich einbrechen, bevor noch ein Karpfen Zeit hätte, herbeizuschwimmen. Natürlich wird Gott jemandem, der seinen Kindespflichten unter Einsatz seines Lebens nachgeht, mit unverhofften Wundern zur Seite springen; aber damals war ich noch zu klein, um solche Dinge zu verstehen.

Am unverständlichsten in dem Buch und geradezu abstoßend fand ich die Geschichten „Der Alte Lai Zi erheitert seine Eltern“ und „Guo Ju begräbt seinen Sohn“.

An meine unterschiedliche Reaktion auf beide kann ich mich noch gut erinnern. Auf dem einen Bild lag ein alter Mann vor seinen Eltern auf dem Boden, auf dem anderen ein kleines Kind in den Armen seiner Mutter. Beide hielten ein Spielzeug in der Hand, zu dem man in Beijing „kleine Trommel“ sagt; die Alten nannten es „Tao“. Nach Zhu Xi* ist die „Tao“ „eine kleine Trommel mit einem Handgriff und zwei an kurzen Schnüren hängenden Kügelchen zu beiden Seiten, die beim Schütteln der Trommel gegen das Trommelfell schlagen.“ Gewiß eine hübsche Sache, aber in der Hand des Alten Lai Zi nicht ganz am rechten Platz; er hätte sich lieber auf einen Stock stützen sollen. Sein ganzes Gehabe wirkte unecht und gekünstelt, war eine Beleidigung für jedes Kind. Auf dieses Bild schaute ich nur einmal und nie wieder. Sobald ich an der entsprechenden Seite anlangte, blätterte ich schnell darüber hinweg.

Das „Bilderbuch der vierundzwanzig Beispiele für Kindespflicht“ habe ich längst verloren. Heute besitze ich eine von dem Japaner Oda Umisen illustrierte Ausgabe. Über den alten Lai Zi heißt es darin: „Trotz seiner siebzig Jahre nannte er sich selbst nicht alt, er trug für gewöhnlich bunte Kleider und tollte vor seinen Eltern wie ein Kind. Oft brachte er Wasser zur Halle hinauf, dann tat er manchmal so, als sei er gestolpert. Worauf er sich fallen ließ und wie ein kleines Kind greinte, um seine Eltern zu erheitern.“ Der Text in meiner alten Ausgabe lautete wahrscheinlich ähnlich. Was mich am meisten aufbrachte, war, daß er „so tat“, als sei er gestolpert. Kinder, ungehorsame wie pflichtbewußte, haben in der Regel

*Zhu Xi (1130–1200), ein bekannter konfuzianischer Gelehrter, der die neokonfuzianische Philosophie von Cheng Hao und Cheng Yi in der Nördlichen Song-Dynastie (960–1127) weiterentwickelte und systematisierte, war ein Vertreter des reaktionären Konfuzianismus in der späteren Periode der chinesischen Feudalgesellschaft.

kein Verständnis für Verstellung und Heuchelei. Wenn man ihnen Geschichten erzählt, reagieren sie auf Lügen sehr ungehalten — eine Beobachtung, die jeder machen kann, der sich auch nur im geringsten für Kinderpsychologie interessiert.

Älteren Texten zufolge scheint Lai Zi allerdings kein gar so arger Heuchler gewesen zu sein. Shi Jueshous „Darstellung pflichtbewußter Söhne" weiß zu berichten: „Der alte Lai Zi... war gewöhnlich bunt gekleidet, um seinen Eltern einen Gefallen zu tun. Einmal holte er für sie Wasser. Als er die Stufen zur Halle hinaufstieg, fiel er, und um sie nicht zu beunruhigen, greinte er wie ein kleines Kind." (Vgl. Buch 413 der „Kaiserlichen Enzyklopädie der Friedenszeit"*.) Das klingt schon etwas plausibler als die heutige Version. Warum nur mußten Herrschaften einer späteren Epoche Lai Zi zu einem Heuchler machen, um ruhig schlafen zu können? Als Deng Bodao** seinen Sohn zurückließ, um seinen Neffen zu retten, „verließ" er ihn vermutlich schlicht — nichts weiter. Doch damit konnten es gewisse Wirrköpfe natürlich nicht bewenden lassen; er hatte seinen Sohn an einem Baum festzubinden, um das Kind daran zu hindern, sie einzuholen. Wie „Ekelerregendes interessant finden" so verleumdet diese Unmenschlichkeit, die sich als Moral ausgibt, unsere Vorfahren und schädigt unsere Nachfahren. Der Alte Lai Zi ist hierfür ein typisches Beispiel. In den Augen unserer Herren Neokonfuzianer ein Mensch ohne Fehl und Tadel, ein nachahmenswertes Vorbild, ist er für Kinder tot und erledigt.

Was den unschuldig mit seinem Trommelchen spielenden Sohn von Guo Ju anbelangt, so verdient er wirklich Mitleid. Vergnügt lacht er in den Armen seiner Mutter, während sein Vater eine Grube ausschaufelt, um ihn darin zu begraben.

---

*Diese Enzyklopädie bestand aus etwa tausend Bänden; sie war 977 von Li Fang (925–996) und anderen zusammengestellt worden.

**Deng Bodao (?–326) soll auf der Flucht vor dem Feind seinen eigenen Sohn zurückgelassen haben, um seinen Neffen zu retten.

„Guo Ju aus der Han-Dynastie war sehr arm", heißt es dazu im Text, „und seine Mutter versagte sich das Essen, um es seinem dreijährigen Sohn zukommen zu lassen. Guo sprach zu seiner Frau: Wir sind zu arm, um für meine Mutter gut zu sorgen; unser Sohn nimmt ihr die Nahrung. Sollten wir ihn nicht begraben?" Liu Xiangs „Leben pflichtbewußter Söhne" bringt eine wesentlich andere Version. Danach verschenkte Guo Ju, ein reicher Mann, seine ganze Habe an seine zwei jüngeren Brüder; und sein Sohn war gerade erst geboren, nicht bereits drei Jahre alt. Der Schluß ist ähnlich: „Als er zwei Fuß tief gegraben hatte, stieß er auf ein goldenes Gefäß, auf dem geschrieben stand: ‚Dies ist der Lohn des Himmels für Guo Ju. Möge kein Beamter es einziehen, kein anderer es an sich reißen!'"

Zuerst brach mir wirklich der Angstschweiß aus in Gedanken an das Kind. Wie erlöst atmete ich auf, als das Goldgefäß zum Vorschein kam! Aber mittelerweile hatte ich nicht nur selbst kein Verlangen mehr, ein pflichtbewußter Sohn zu werden; die Vorstellung plagte mich jetzt, mein Vater könnte sich an solch pflichtgemäßem Verhalten ein Beispiel nehmen. Zu jener Zeit ging es mit unserem Familienvermögen steil bergab; oft hörte ich meine Eltern sich Sorgen machen, wie das nächste Essen auf den Tisch kommen solle, und meine Großmutter war alt. Gesetzt den Fall, mein Vater eiferte Guo Ju nach, mußte dann nicht logischerweise auf mich das Los fallen, begraben zu werden? Wenn natürlich alles genau wie im Buch ablief, würde auch er ein Goldgefäß ausgraben — das hätte sicherlich das Glück auf Erden bedeutet; aber obwohl ich damals noch klein war, habe ich zweifellos sehr gut begriffen, daß man sich in dieser Welt auf einen derartigen Zufall kaum verlassen konnte.

Oh kindliche Einfalt! Heute weiß ich natürlich, daß kein Mensch sich tatsächlich nach diesen alten Fetischen richtet. Depeschen und Telegramme noch und noch fordern Ordnung und Moral, aber äußerst selten in der Tat kann man beobachten, wie Herren nackt auf dem Eis liegen oder Generäle aus dem Wagen steigen, um Reis zu tragen. Nebenbei gesagt, habe ich inzwischen einige Bücher gelesen, alte wie neue, wie „Die Kaiserliche Enzyklopädie der Friedenszeit", „Leben pflichtbewußter Söhne in der alten Zeit"*, Das Bevölkerungsproblem, „Geburtenkontrolle", „Das Zwanzigste Jahrhundert gehört den Kindern" und kann eine ganze Menge Argumente gegen das Begrabenwerden vorbringen. Die Zeiten haben sich einfach geändert. Damals aber machte ich mir wirklich Gedanken: Wenn man eine tiefe Grube grub und kein Gold entdeckte, wenn man mich mitsamt meinem Trommelchen dort hineinlegte, Erde auf mich schüttete und gut feststampfte, von welcher Seite war dann noch Rettung zu erwarten? Auch wenn mir klar war, daß das Schlimmste nicht unbedingt eintreffen mußte, versetzten mich doch die Klagen meiner Eltern über ihre Armut jedesmal in Angst und Schrecken und allein schon der Anblick meiner weißhaarigen Großmutter beunruhigte mich, denn ich hatte das Gefühl, daß einer von uns beiden zuviel war, oder daß sie zumindest eine Bedrohung für mich darstellte. Diese Ängste nahmen zwar mit der Zeit ab, verflüchtigten sich aber erst gänzlich, als sie schließlich starb — ein Effekt, den der konfuzianische Gelehrte, der mir „Das Bilderbuch der vierundzwanzig Beispiele für Kindespflicht" geschenkt hatte, wohl kaum vorausgeahnt hatte.

10. Mai

---

*Zusammengetragen von Mao Panlin in der Tjing-Dynastie (1644–1911) auf der Grundlage früherer Erzählungen über pflichtbewußte Söhne.

Das Tempelfest zu Ehren der Fünf furchtbaren Götter

Neben Neujahr und anderen Feiertagen waren die Tempelfeste zu Ehren bestimmter Götter die Tage, auf die wir uns als Kinder immer am meisten freuten. Leider lag unser Haus ziemlich weit abseits, so daß die Umzüge erst nachmittags bei uns vorbeikamen, wenn sie sich schon fast aufgelöst hatten und nur noch ein kläglicher Rest übriggeblieben war. Nach stundenlangem Warten und Halsverrenken waren oft ein Dutzend Leute, die mit dem Bild des Gottes mit goldenem, blauem oder rotem Gesicht eilig vorbeihasteten, das einzige, was wir zu sehen bekamen. Das war für uns dann die ganze Prozession.

Ich gab nie die Hoffnung auf, der Umzug in diesem Jahr würde schöner und größer als der des letzten Jahres werden, aber jedesmal war das Resultat „chabuduo — mehr oder weniger dasselbe". Und was mir davon blieb, war lediglich ein Andenken, das ich für einen Kupferkäsch erstanden hatte, bevor der Gott an uns vorübergezogen war — ein Pfeifchen aus Ton und buntem Papier, Bambustäfelchen sowie zwei oder drei Hahnenfedern. Mit der Pfeife — „Duuduu-Flöte" genannt — konnte man durchdringende Töne hervorrufen, was ich begeistert zwei bis drei Tage lang tat.

Wenn ich heute Zhang Tais* „Erinnerungen" lese, bin ich überrascht von der Pracht der damaligen Tempelfeste, selbst wenn man berücksichtigt, daß die Autoren der Ming-Zeit zu Übertreibungen neigten. Die Begrüßung des Drachenkönigs, um Regen zu erflehen, ist immer noch in Brauch, aber wie wenig Aufwand treibt man dabei! Zehn Mann, nicht viel mehr, tragen und bewegen einen sich windenden Drachen aus Papier

---

*Ein Gelehrter aus dem 17. Jahrhundert.

und Seide, begleitet von einer Handvoll als Meeresungeheuer verkleideter Dorfjungen. In alten Zeiten führte man dagegen richtiggehende Schaustücke mit großem Gepränge auf. Hören wir, wie Zhang Tai einen Umzug mit Figuren aus dem „Shui Hu Zhuan"* beschreibt:

„...Sie schwärmten in alle Richtungen aus, um einen zu finden, der dunkelhäutig und klein war, einen anderen, der groß und kräftig gebaut war. Sie suchten einen Bettelmönch, einen fetten Mönch, eine stemmige Frau und eine zierliche, schlanke. Sie hielten Umschau nach einem bleichen Gesicht und einem Schiefhals, nach einem roten Schnurrbart und einem hübschen, gepflegten Bart, nach einem finster dreinblickenden, starken Mann und einem rotbackigen mit langem Bart. Sie suchten die ganze Stadt ab, und fanden sie nicht, was sie brauchten, suchten sie außerhalb der Stadtmauern und gingen in die umliegenden Weiler und Gebirgsdörfer, ja sogar bis in die benachbarten Kreise und Bezirke. Den sechsunddreißig Männern, die die Helden vom Liangshan-Moor darstellten, zahlte man gutes Geld, aber jeder spielte seine Rolle auch so echt und lebendig wie möglich, und in einem gewaltigen Haufen zogen sie zu Fuß und zu Pferde daher..."

Wer hätte einem solch lebensechten Umzug mit Männer- und Frauengestalten vergangener Epochen nicht beiwohnen wollen? Leider sind diese großartigen Aufführungen schon vor langer Zeit zusammen mit der Ming-Dynastie untergegangen.

Obwohl diese Umzüge behördlich nicht verboten waren — anders als lange Frauenröcke heutzutage in Shanghai oder Gespräche über Politik in Beijing — war Frauen und Kindern das Zuschauen untersagt, und auch die Gebildeten oder die

---

*Shui Hu Zhuan — Die Räuber von Liangshan-Moor; Roman aus dem 14. Jahrhundert von Shi Naian, der das Kapitulantentum, das schließlich zur Niederlage eines Bauernaufstands führt, verherrlicht.

sogenannten Literaten gingen selten zu den Festen. Nur Tagediebe und Müßiggänger pflegten sich vor dem Tempel oder Yamen (Amtsgebäude) einzufinden, um das Spektakel zu verfolgen. Was ich darüber weiß, verdanke ich also deren Beschreibungen, nicht eigenen Beobachtungen, auf die der Wissenschaftler so großen Wert legt. Einen recht ansehnlichen Umzug erinnere ich mich allerdings auch selbst miterlebt zu haben. Zuerst kam ein Junge auf einem Pferd — der „Ausrufer". Ihm folgte in einigem Abstand der „Gao Zhao", eine lange Bambusstange mit einer langen Fahne am oberen Ende, die ein hühnenhafter, schweißtriefender Mann mit beiden Händen hielt. Je nach Laune balancierte er sie von Zeit zu Zeit auf dem Kopf, auf den Zähnen, ja sogar auf der Nase. Hinter ihm kamen Stelzengeher, Kinder auf von Männern getragenen Holzplattformen und andere Kinder auf Steckenpferden. Es gab Leute, die wie Verbrecher in Rot gekleidet waren und schwere Holzkragen und Fesseln trugen. Auch unter diesen sah man Kinder. Ich fand jeden Abschnitt der Prozession herrlich, und jeder Teilnehmer erschien mir als ein Glückspilz — ich beneidete sie wahrscheinlich um die Möglichkeit, sich solchermaßen hervortun zu können. Damals wünschte ich mir, von irgendeiner schweren Krankheit heimgesucht zu werden, damit meine Mutter zum Tempel gehen und dem Gott geloben möge, mich als Verbrecher zu verkleiden... Bis jetzt habe ich es allerdings noch nicht geschafft, mit solchen Prozessionen irgendwie in Verbindung zu kommen.

Einmal sollte ich das „Tempelfest zu Ehren der Fünf furchtbaren Götter" in Dongguan-Dorf zu sehen bekommen. Das bedeutete ein großes Ereignis in meiner Kindheit, denn dieses Fest war das prachtvollste im ganzen Kreis. Dongguan-Dorf lag über dies weit von meinem Elternhaus entfernt, von der Stadt aus fuhr man über sechzig Li* weit mit dem

*1 Li = 500 m.

Boot. Es gab dort zwei bemerkenswerte Tempel. Der eine war der Tempel der Mei Gu, jener Jungfrau, die — wie in den „Erzählungen aus dem Liao-Studio"* berichtet wird, — nach dem Tode ihres Verlobten unverheiratet blieb. Als sie nach ihrem Tode zur Göttin wurde, nahm sie sich den Mann einer anderen. Und tatsächlich waren auf dem Schrein ein junger Mann und eine Frau dargestellt, die — unter Mißachtung jeglicher Anstandsregeln — einander zulächelten. Der andere war der „Tempel der fünf furchtbaren Götter". Der Name allein war schon seltsam genug. Nach Leuten, deren Leidenschaft das Quellenforschen ist, handelt es sich um die Wu Tong-Götter**. Einen eindeutigen Beweis für diese These gibt es jedoch nicht. Zu sehen waren fünf Männergestalten, die keinen besonders wütenden Eindruck machten, und dahinter fünf Frauen, in einer Reihe sitzend, — in einer Anordnung, die in Beijinger Theatern, wo man streng auf die Trennung der Geschlechter achtet, niemals durchgegangen wäre. Wahrhaftig, dies verstieß nicht minder gegen alle Anstandsregeln. Aber da es sich um die fünf furchtbaren Götter handelte, ließ sich wohl nichts dagegen tun. Sie bildeten offensichtlich die Ausnahme von der Regel.

Wegen der weiten Fahrt bis Dongguan standen wir schon bei Tagesgrauen auf. Das große Boot mit der dreifenstrigen Kajütte, das wir am Abend zuvor gemietet hatten, lag bereits an der Anlegestelle im Hafen, und unsere Leute machten sich daran, Stühle, Proviant, einen Ofen zum Teebereiten und einen Korb mit Gebäck dorthin zu tragen. Juchzend hüpfte ich herum und trieb sie zur Eile an. Plötzlich wurde ihr Gesichtsausdruck förmlich — irgend etwas Unerwartetes mußte eingetreten sein. Ich drehte mich um — hinter mir stand mein Vater.

---

*Erzählungen über Feen, Gespenster und Fuchs-Geister von Pu Songling (1640–1715)

**Böse Geister, die in früheren Zeiten auf dem Lande in Südchina angebetet wurden.

„Hol dein Buch!“ sagte er langsam.

Mit dem Buch war die „Geschichte in Reimen“* gemeint, mein Schulbuch — ein anderes besaß ich nicht. In unserem Bezirk kamen die Kinder in die Schule, wenn sie eine ungerade Zahl von Jahren alt geworden waren. Daraus schließe ich, daß ich damals sieben Jahre alt gewesen sein muß.

Verzagt holte ich das Buch. Ich mußte mich neben ihn an den Tisch in der Mitte der Halle setzen und ihm Satz für Satz vorlesen. Innerlich bebend las ich einen Satz nach dem anderen…

Zwei Sätze machten eine Zeile aus. Ich muß ungefähr zwanzig oder dreißig Zeilen gelesen haben, als der Vater mich unterbrach:

„Lern sie auswendig! Wenn du sie nicht fehlerfrei hersagen kannst, darfst du nicht mit zum Tempelfest.“

Damit stand er auf und ging in sein Zimmer.

Mir war, als hätte jemand einen Eimer eiskaltes Wasser über mich ausgegossen. Aber was blieb mir schon anderes übrig, als zu lesen, zu lesen und nochmals zu lesen, und mich zu zwingen, das Gelesene im Gedächnis zu behalten — ich hatte es ja hinterher aufzusagen.

„Am Anfang war Pan Gu.
Geboren aus dem Urnichts,
Regierte als erster er die Welt
Und brachte ins Chaos die Ordnung.“

Um eine solche Art Buch handelte es sich. Nur an diese ersten vier Zeilen kann ich mich noch entsinnen. Alles übrige habe ich vergessen, einschließlich natürlich der zwanzig oder dreißig Zeilen, die mich mein Vater an jenem Tag auswendig zu lernen zwang. Ich erinnere mich, daß man damals sagte,

---

*Von Wang Shi-yun in der Qing-Dynastie.

es sei nutzbringender, die „Geschichte in Reimen“ zu studieren als die „Tausend Schriftzeichen“ oder die „Hundert Familiennamen“*, denn daraus gewinne man einen Überblick über die ganze Geschichte der Vergangenheit und Gegenwart. Die ganze Geschichte der Vergangenheit und Gegenwart überblicken zu können ist sicher keine schlechte Sache. Das Dumme war nur, daß ich kein Wort verstand. „Am Anfang war Pan Gu“ — das war für mich nichts als Kauderwelsch. Ich las und lernte, las und lernte.

„Am Anfang war Pan Gu.
Geboren aus dem Urnichts,
...“

Mittlerweile war alles, was wir benötigten, zum Boot geschafft. Im Haus war nach der lärmenden Geschäftigkeit tiefe Stille eingetreten. Die Strahlen der Morgensonne fielen auf die Westmauer. Es war ein klarer, schöner Tag. Meine Mutter, die Diener, meine Kinderpflegerin Mama Chang oder Ah Tschang — keiner konnte mir helfen. Alle mußten sie warten, bis ich meine Übung gelernt und den Text hersagen konnte. In der Totenstille hatte ich das Gefühl, eine eiserne Zange fahre aus meinem Kopf heraus und greife nach diesem „Geboren aus dem Urnichts“ und den übrigen Zeilen. Ich hörte meine Stimme zittern, während ich verzweifelt las und las, zittern wie das Zirpen einer Grille in einer späten Herbstnacht.

Alles wartete. Die Sonne stieg hoch und höher.

Plötzlich überkam mich ein Gefühl innerer Sicherheit. Ich stand auf, nahm das Buch und ging ins Arbeitszimmer meines Vaters. Ohne einmal abzusetzen sagte ich alle Zeilen herunter — die Worte kamen von meinen Lippen wie in einem Traum.

„Gut. Du kannst gehen!“ sagte der Vater mit beifälligem Nicken.

---

*Zwei Elementarbücher für Schulkinder in der alten Gesellschaft.

Schlagartig kam in unser Haus wieder Leben. Alles strahlte, als wir uns auf den Weg zum Hafen machten. Ein Diener trug mich auf seinen Schultern vor den anderen her, wie um mir damit zu meinem Erfolg zu gratulieren.

Doch in mir wollte keine rechte Freude aufkommen. Die Flußlandschaft nach dem Ablegen des Bootes, die Kuchen im Korb, das bunte Treiben auf dem Tempelfest, als wir schließlich Dongguan-Dorf erreichten, — nichts von alledem konnte ich ein besonderes Interesse entgegenbringen.

Alles andere ist inzwischen vergessen, spurlos meinem Gedächtnis entschwunden. Nur mein Aufsagen aus der „Geschichte in Reimen" habe ich noch so deutlich vor Augen, als wäre es gestern gewesen.

Und noch heute frage ich mich, warum mich mein Vater gerade an einem Tag wie jenem diesen Text auswendig lernen ließ.

25. Mai

Wu Chang

Wenn die Götter, die bei den Tempelfesten in Prozessionen mitgetragen werden, Macht über Leben und Tod haben — nein, falsch, alle Götter scheinen in China mächtig genug zu sein, um Menschen nach Belieben töten zu können —, wenn diese Götter vielmehr die Aufgabe haben, wie der Schutzgott einer Stadt etwa oder der „Kaiser der Ostberge", die über das Schicksal des Menschen zu bestimmen, so erblickt man in ihrem Gefolge einige höchst merkwürdige Gestalten: Geisterdiener, den Geisterkönig und Huo Wu Chang*.

Diese Geister werden gewöhnlich von derben Burschen und von Leuten vom Land dargestellt. Die Geisterdiener und ihr König sind in Rot und Grün gekleidet und gehen barfuß; auf ihren blau geschminkten Gesichtern sind Fischschuppen gemalt. Es kann sich dabei natürlich auch um die Schuppen von Drachen oder ähnlichem Getier handeln — ich bin mir in diesem Punkt nicht ganz sicher. Die Geisterdiener haben stählerne Dreizacke in der Hand. An diesen Dreizacken sind Ringe befestigt, die bei jedem Schütteln ein Klingeln hervorrufen. Der Geisterkönig trägt einen kleinen Schild mit einem Tigerkopf. Nach der Überlieferung soll er eigentlich nur auf einem Bein laufen. Aber er ist ja in Wirklichkeit nur ein einfacher Bauernbursche; selbst wenn er sich das Gesicht mit den Schuppen eines Fischs oder irgendeines anderen Tiers bemalt, muß er sich trotzdem noch auf zwei Beinen fortbewegen. Die Zuschauer sind denn auch nicht übermäßig beeindruckt von diesen Geistern und schenken ihnen kaum Beachtung, mit Ausnahme einiger devoter alter Weiblein und deren Enkelkinder, die alle Geister mit gebührender Ehrfurcht behandeln, damit sich keiner übergangen fühlen möge.

Was uns andere betrifft — ich glaube, ich kann hier auch

---

*Huo Wu Chang — Das Leben ist vergänglich.

im Namen der anderen sprechen —, so macht uns der Anblick von Wu Chang am meisten Freude. Er steckt nicht nur voller Leben und spaßiger Einfälle; allein schon seine völlig in Weiß gehaltene Erscheinung läßt ihn aus der Menge hervorstehchen wie ein Storch aus einer Hühnerschar. Sein hoher weißer Papierhut und sein zerschlissener Palmblattfächer brauchen nur in der Ferne sichtbar zu werden, und schon breitet sich in den Reihen der Zuschauer ein Gefühl freudiger Erregung aus.

Von allen Geistern steht er dem Volk am nächsten, und wird von ihm am meisten geliebt. Man begegnet ihm überall. Im Tempel des Schutzgottes einer Stadt oder im Tempel des „Kaisers der Ostberge" zum Beispiel stößt man hinter der Haupthalle auf einen dunklen Raum, der „Gerichtshof der Hölle" genannt wird; in seinem Dämmerlicht sind die Figuren der Seelen der Verstorbenen nur mit Mühe erkennbar: Einer ist erhängt worden, der nächste hat sich zu Tode gestürzt, einen anderen hat ein Tiger zerrissen, weder einer hat seinen letzten Atemzug bei der Staatsprüfung getan... Aber die lange weiße Figur, die einem gleich beim Betreten ins Auge fällt, ist Wu Chang. Ich war zwar einmal in einem solchen „Gerichtshof der Hölle"; aber damals hatte ich solche Angst, daß ich gar nicht wagte, mich genauer umzusehen. Ich habe gehört, daß Wu Chang in der Hand eine Eisenkette hält, denn er ist derjenige, der die Seelen vor Gericht bringt. Es heißt, daß der Gerichtshof der Hölle im Tempel des „Kaisers der Ostberge" in Fanjiang* einen sehr eigentümlichen Mechanismus aufwies: In der Türschwelle war eine Bohle beweglich. Wenn man eintrat und den Fuß auf das eine Ende dieser Bohle setzte, stürzte aus der entgegengesetzten Richtung Wu Chang auf einen zu und warf einem präzis seine Eisenkette um den Hals. Nachdem sich jedoch einmal ein Mann auf diese Weise zu Tode erschrocken hatte, wurde die

*Eine 16 km östlich von Shaoxing gelegene Stadt.

Bohle festgenagelt. Selbst als ich noch klein war, ließ sie sich schon nicht mehr bewegen.

Wer sich Wu Chang genau ansehen will, findet sein Bild in den „Aufzeichnungen des Jade-Kalenders“ — vielleicht nicht in der gekürzten Ausgabe, aber in der vollständigen bestimmt. Er trägt tiefe Trauer, hat Strohsandalen an den Füßen, einen Strohgürtel um die Taille und eine Schnur mit Papiergeld um den Hals. In den Händen hält er einen zerschlissenen Palmblatt-Fächer, eine Kette und ein Rechenbrett. Seine Schultern sind leicht hochgezogen, sein Haar ist wirr; Augenbrauen und Augen laufen schräg nach unten wie die Schenkel des chinesischen Schriftzeichens 八 (ba). Auf seinem Kopf sitzt ein spitz zulaufender, viereckiger Hut, der — die ganze Figur als Maßstab genommen — ungefähr zwei Fuß hoch sein muß. An seiner Vorderseite trägt der Hut dort, wo alte und junge Witwen zur Zeit der Qing-Dynastie eine Perle oder einen Juwel an ihren melonenförmigen Hut zu stecken pflegten, die vertikale Inschrift „Viel Glück!“. Nach einer anderen Version lauten die Schriftzeichen: „Du bist endlich da!“ Derselbe Satz findet sich manchmal auf der querhängenden Tafel über dem Gerichtshof des „ehrwürdigen Bao“*. Ob Wu Chang diese Worte selbst auf seinen Hut geschrieben oder ob der König der Hölle dies für ihn getan hat, habe ich im Lauf meiner Untersuchungen bisher noch nicht mit Sicherheit feststellen können.

Im „Jade-Kalender“ stößt man auch auf das Gegenstück zu Huo Wu Chang — Das Leben ist vergänglich —, einen Geist mit ähnlichen Insignien mit dem Namen „Der Tod ist vorherbestimmt“. Auch er tritt auf Tempelfesten auf, wo er fälschlicherweise „Der Tod ist vergänglich“ genannt wird. Da sein Gesicht und seine Kleider schwarz sind, findet er keinerlei

*Bao Zheng (999–1062) war Präfekt von Kaifeng in der Nördlichen Song-Dynastie. Nach dem Volksglauben war er nach seinem Tode zu einem der zehn Könige der Hölle geworden.

Beachtung. Im Gerichtshof der Hölle trifft man ihn wieder. Dort steht er mit dem Gesicht zur Wand und bläst Trübsal — ein echter Fall von „Gegen eine Wand gestoßen“*. Wer zum Beten und Weihrauchverbrennen kommt, muß ihm den Rücken reiben, das soll vor Unglück schützen. Als ich noch ein Kind war, habe auch ich ihm den Rücken gerieben, aber vor Mißgeschicken hat mich das, scheint mir, nicht bewahrt. Möglich, daß mich noch mehr Mißgeschick heimgesucht hätte, hätte ich nicht gerieben. Auch das habe ich im Lauf meiner Untersuchungen bisher noch nicht mit Sicherheit feststellen können.

Ich habe mich mit der Lehre des Hinajana-Buddhismus beschäftigt, aber ich habe gehört, daß es in der indisch-buddhistischen Mythologie den Gott Yama und den ochsenköpfigen Teufel gibt, die zusammen über die Hölle regieren. Was Wu Chang anbelangt, so läßt sich sein Ursprung nicht bis in „älteste Zeiten zurückverfolgen, doch die Redewendung „Huo Wu Chang — das Leben ist vergänglich“ ist weiterverbreitet. Ich nehme an, daß diese Einstellung, sobald sie nach China gelangt war, personifiziert wurde. Somit wäre Wu Chang tatsächlich eine chinesische Erfindung.

Weshalb aber diese freudige Erregung bei seinem Anblick?

Wenn ein großer Gelehrter oder berühmter Mann irgendwo auftaucht, genügt schon ein einziger Federstrich von ihm und irgendein Kreis ist zu einem „Modellkreis“ geworden**. Am Ende der Han-Dynastie lobte Yu Fan meinen Geburtsort***, was allerdings schon eine ganze Weile her ist, denn

---

*1925 schhrieb Lu Xun den Essay „Gegen eine Wand gestoßen“, in dem es heißt: „In China gibt es überall Wände; doch sie sind unsichtbar wie ‚Geisterwände‘, und ständig stößt man gegen eine.“

**Professor Chen Xiying bezeichnete seinen Heimatkreis Wuxi als „Modellkreis“.

***Yu Fan (164–233), ein Gelehrter der Han-Spätzeit, äußerte sich lobend über Shaoxing.

später brachte der Kreis die berüchtigten „Schaoxinger Winkeladvokaten"* hervor. Natürlich sind nicht alle von uns in Schaoxing — ob alt oder jung, Mann oder Frau — Winkeladvokaten. Wir haben auch noch ein paar andere „Vertreter der unteren Stände". Und man kann einfach von diesen Angehörigen der „unteren Stände" nicht erwarten, daß sie sich in solch wundervollem Kauderwelsch auszudrücken verstehen, wie zum Beispiel diesem: „Der Weg, auf dem wir schreiten, ist schmal und gefährlich. Zu unserer Linken dehnt sich weiter, endloser Sumpf, zu unserer Rechten weite, endlose Wüste, während unser Ziel durch dichten Nebel hindurch nur dunkel und verschwommen vor uns aufragt."** Aber irgendwie instinktiv sehen sie den Weg zu diesem dunkel und verschwommen aufragenden Ziel sehr deutlich: sich verloben, heiraten, Kinder großziehen und sterben. Ich spreche hier natürlich nur von meinem Heimatort. In Modellkreisen werden die Dinge mit Sicherheit wieder ganz anders liegen. Viele von ihnen — ich meine die Angehörigen der „unteren Stände" in meinem unwürdigen Kreis — haben gelebt und gelitten, sind so lange verleumdet und erpreßt worden, daß sie wissen, daß es in dieser Menschenwelt nur eine Gesellschaft gibt, die die Gerechtigkeit hochhält***, aber selbst die ragt nur dunkel und verschwommen vor ihnen auf. So wenden sie unvermeidlich ihren Blick erwartungsvoll den unteren Regionen zu. Die meisten Menschen halten sich für ungerecht behandelt. „Unbescholtene Ehrenmänner" können im wirklichen Leben niemanden hinters Licht führen. Und

---

*Viele Yamen-Sekretäre, die sich mit Gerichtsangelegenheiten befaßten, stammten aus Shaoxing. Bei seinen Angriffen auf Lu Xun hatte Chen Xiying gesagt, Lu Xun habe den Charakter eines Winkeladvokaten.

*Zitat aus einem Brief von Chen Xiying an Xu Zhimo.

***Bezieht sich auf eine 1925 von Chen Xiying und anderen gegründete „Gesellschaft von im Bildungswesen Tätigen zur Wahrung der Gerechtigkeit", deren eigentliche Aufgabe es war, Studentinnen der „Lehrerbildungsanstalt für Frauen" und andere fortschrittlich Gesinnte zu unterdrücken.

wenn man das unwissende Volk fragt, wird es ohne zu überlegen antworten: Gerechte Urteile werden in der Hölle gefällt!

Sicher, wenn man an die Freuden des Lebens denkt, mag es einem lebenswert erscheinen; denkt man aber an die Sorgen, die es beschert, wird einem Wu Chang vielleicht nicht unwillkommen sein. Ob hoch- oder niedriggeboren, ob reich oder arm, wir alle müssen mit leeren Händen vor den König der Hölle treten, der alles Falsche richtigstellt und die Übeltäter bestraft. Selbst Menschen der „unteren Stände“ halten manchmal inne und fragen sich: was für ein Leben habe ich geführt? Bin ich „in die Luft gesprungen“? Habe ich jemandem „einen Dolchstoß in den Rücken versetzt“?* Wu Chang hält ein großes Rechenbrett in der Hand, und ein Mensch mag sich noch so überlegen geben, es wird ihm nichts nützen. Wir fordern unerbittliche Gerechtigkeit in Bezug auf andere, doch für uns hoffen wir selbst in der Hölle noch auf ein wenig Gnade. Aber Hölle ist Hölle, und für den König der Hölle, für den ochsenköpfigen und den von den Chinesen erfundenen pferdegesichtigen Teufel ist die Arbeit dort keine Nebenbeschäftigung; ihre Aufgabe ist einzig und allein die Wahrung der Gerechtigkeit, auch wenn sie darüber noch keine langen Artikel in der Zeitung veröffentlicht haben. Menschen, die nicht auf Betrug aus sind, werden — noch bevor sie Geister geworden sind — an die Zukunft denken. Und wenn sie das tun, werden sie nicht umhin kommen, in der Gesamtsumme der Gerechtigkeit selbst nach winzigen Splittern der Barmherzigkeit zu suchen. Sie werden unseren Herrn Wu Chang sympathisch finden, denn man wählt im allgemeinen für sich den größeren Nutzen und das kleinere Übel und folgt damit genau dem Ratschlag unseres alten Philosophen Mo Di**, der sagte: „Wähle das Kleinere!“

---

*Zitate von Chen Xiying.

**Aus Mo Zi, zusammengestellt von den Schülern des Begründers der Mo-Schule, Mo Di (etwa 478–392 v.u.Z.).

Wu Changs einnehmendes Wesen erschließt sich nicht für den, der ihn nur auf Abbildungen, sei es in Büchern oder als Tonfigur in Tempeln gesehen hat. Am besten lernt man ihn in der Oper kennen. Aber eine gewöhnliche Oper tut es nicht, es muß schon das „Große Drama“ oder das „Maudgalyayana-Drama“* sein. Zhang Tai hat in seinen „Erinnerungen“ beschrieben, was für ein großartiges Schauspiel das Maudgalyayana-Drama war, dessen Aufführung in voller Länge zwei bis drei Tage dauerte. In meiner Jugend war es schon nicht mehr annähernd so großartig, sondern glich mehr einem gewöhnlichen „Großen Drama“, dessen Aufführung am Abend begann und im Morgengrauen des nächsten Tages endete. Solche Opern wurden aufgeführt zu Ehren der Götter oder um Unheil abzuwehren, und in jeder gab es einen Bösewicht, der sein Ende am frühen Morgen fand, wenn das Maß seiner Sünden voll war und der König der Hölle einen Befehl zu seiner Ergreifung erließ. Das war der Moment, an dem Wu Chang auf der Bühne erschien.

Ich erinnere mich, einmal vor solch einer Bühne in einem Kahn gesessen zu haben, inmitten eines Publikums, unter dem eine andere Stimmung als sonst herrschte. Für gewöhnlich machte sich mit dem Vorrücken der Nacht Teilnahmslosigkeit unter den Zuschauern breit, aber an dieser Stelle wuchs ihr Interesse wieder. Wu Changs hoher Papierhut, der in einer Ecke der Bühne gehangen hatte, wurde nun heruntergeholt, und die Musiker nahmen ein besonderes Instrument zur Hand und fingen an, es aus vollen Backen zu blasen. Es war ein trompetenartiges Instrument, schlank in der Form und ungefähr sieben oder acht Fuß lang. Es muß das Lieblingsinstrument von Geistern gewesen sein, denn es wurde nur gespielt, wenn diese die Bühne betraten. Beim Blasen machte es „Nhatu, nhatu, nhatututuu!“, und wir nannten

---

*Dieses Drama beschreibt, wie der buddhistische heilige Maudgalyayana in die Hölle ging, um seine Mutter zu retten.

es die Maudgalyayana-Trompete.

Während die Menge gespannt auf das Ende des Bösewichts wartete, betrat Wu Chang die Bühne. Seine Kostümierung war schlichter als auf den Abbildungen, auch hatte er weder Kette noch Rechenbrett bei sich: ein einfacher Bauernbursche ganz in Weiß mit weißbemaltem Gesicht, rotem Mund und pechschwarz geschminkten Augenbrauen, die er in einer Weise zusammengezogen hatte, daß man kaum sagen konnte, ob er lachte oder weinte. Wie es sich gehörte, begleitete er seinen Auftritt mit hundertachtmaligem Nießen und hundertachtmaligem Furzen, bevor er sich vorstellte. Leider kann ich mich nicht mehr als seinen ganzen Part erinnern, aber eine Passage lautete ungefähr folgendermaßen:

„...
Der König der Hölle erließ den Befehl,
Ich solle den Nachbarn, diesen räudigen Hund, ergreifen.
Ich fragte, wer er sei, und erfuhr, es war meines Vetters Sohn.
Seine Krankheit? Typhus und Ruhr.
Sein Arzt? Der Sohn von Chen Nianyi an der Xiafang-Brücke.
Seine Medizin? Fuzi, Niuxi und Zimt.*
Nach der ersten Dosis brach ihm der kalte Schweiß aus,
nach der zweiten wurden seine Glieder steif.
Ich sagte: ‚Nga, seine Mutter weint zum Herzzerreißen,
lassen wir ihn noch eine Weile am Leben.
Aber der König bezichtigte mich, ich habe mich bestechen lassen,
und ließ mich binden und mir vierzig Streiche geben.“

---

*Fuzi (Aconitum sineuse), Niuxi (Achyranthes bidentata) — Heilkräuter der traditionellen chinesischen Medizin.

Chen Nianyi war ein berühmter Arzt in Shaoxing. In den Roman „Niederwerfung der Banditen“* von Yu Zhonghua wird von ihm gar als einem Unsterblichen gesprochen. Sein Sohn hingegen scheint in diesem Beruf nicht brilliert zu haben.

Der Höllenkönig schneidet auch nicht allzu gut ab, stellt er doch die Rechtschaffenheit Wu Changs in Frage. Immerhin beweist aber die Tatsache, daß er die kurze Verlängerung des Lebens von Wu Changs Neffen aufgedeckt hat, daß er einem „gerechten und intelligenten Gott“ sehr nahe kommt. Die Bestrafung hinterläßt in unserem Wu Chang jedoch den unauslöschlichen Eindruck ungerecht behandelt worden zu sein. Während er davon sprach, zog er die Augenbrauen noch enger zusammen, umklammerte seinen zerschlissenen Palmblatt-Fächer, senkte den Kopf und fing an, sich wie eine im Wasser schwimmende Ente zu bewegen.

Nhatu, nhatu, nhatu-nhatu-nhatututuu! Auch die Maudgalyayana-Trompete protestierte klagend gegen dieses himmelschreiende Unrecht.

So kam Wu Tschang zu folgendem Entschluß:

„Von nun an werde ich niemanden mehr entkommen lassen,
mag er sich auch hinter Bronze- und ehernen Mauern verschanzen,
mag er selbst ein Verwandter des Kaisers sein!...“

„Trotz Groll im Herzen empört er sich nicht gegen den unerwarteten Schlag.“ Nur gegen seinen Willen, als Folge der vom Höllenkönig gegen ihn verhängten Strafe, hat er sich entschlossen, jetzt keine Gnade mehr walten zu lassen. Von allen Geistern ist er der einzige mit menschlichen Regungen. Wenn wir nicht zu Geistern werden, schön und gut; werden

---

*Ein reaktionärer Roman von Yu Zhonghua (1794–1849), in dem die Niederwerfung der aufständischen Bauern von Liangshan durch Regierungstruppen beschrieben wird.

wir es doch, wird er der einzige sein, mit dem sich wenigstens einigermaßen auskommen läßt.

Noch heute erinnere ich mich deutlich, was für ein Vergnügen es jedesmal für mich war, in meiner Heimatstadt im Kreise von Angehörigen der unteren Stände diesen geisterhaften und doch menschlichen, gerechten und doch gnädigen, Furcht einflößenden und doch liebenswerten Wu Chang zu erleben, und wie wir uns an seinem zwischen Lachen und Trauer wechselnden Mienenspiel und seinen Prahlereien und bissigen Bemerkungen ergötzten...

Der Wu Chang auf Tempelfesten unterschied sich erheblich von dem auf der Bühne. Er vollführte bestimmte Bewegungen, sprach aber kein Wort, während er beständig hinter einer Art Clown mit einer Platte mit Essen herlief. Von dieser versuchte er zu essen, was ihm der andere stets verweigerte. Beigestellt waren ihm zwei Gestalten, die „unbescholtene Ehrenmänner“ als „Gemahlin und Kind“ bezeichnen würden. Das „gemeine Volk“ hat eine eigentümliche Schwäche: es behandelt andere genau so, wie es selbst es am liebsten hätte. Nicht einmal ein Geist soll allein bleiben, und darum werden sämtliche Geister und Götter beweibt. Wu Chang machte da keine Ausnahme. Seine bessere Hälfte war eine hübsche, wenn auch etwas rustikal wirkende Person, die „Schwägerin Wu Chang“ genannt wurde. Nach dieser Anredeweise zu urteilen, muß Wu Tschang unserer Generation angehört haben — kein Wunder also, daß er so wenig Wert auf professorales Gehabe legt. Die zweite Gestalt war ein Junge mit einem kleineren hohen Hut und kürzerem weißem Gewand. Obwohl noch ein Kind, hatte er seine Schultern schon ein wenig hoch gezogen, während seine Augenbrauen schräg nach unten geschminkt waren. Offensichtlich handelte es sich um den jungen Herrn Wu Chang. Man nannte ihn aber allgemein A Ling und behandelte ihn mit wenig Respekt — vielleicht weil er von einem früheren Ehemann der Schwägerin Wu Chang abstammte. Aber dann hätte er wiederum Wu

Chang nicht so ähnlich sehen können! — Ach! Unerforschlich ist die Welt der Geister; wir müssen die Frage wohl auf sich beruhen lassen. Warum Wu Chang keine eigenen Kinder hatte, läßt sich indes heute einfach erklären. Geister können nämlich in die Zukunft sehen. Er muß befürchtet haben, daß, wenn er viele Kinder hätte, Gerüchtemacher aufgrund dieses Umstands zu beweisen versuchen würden, er habe russische Rubel angenommen. Er wird sich deshalb mit dem Problem der Geburtenkontrolle nicht nur theoretisch beschäftigt, sondern sie für sich auch in die Praxis umgesetzt haben.

Die Szene mit dem Essen wird die „Verabschiedung Wu Changs" genannt. Da es Wu Changs Aufgabe ist, die Geister der Verstorbenen vor Gericht zu führen, müssen ihm deren Verwandte ein Abschiedsessen geben. Daß man ihm das Essen vorenthält, ist ein Spaß, den man sich auf Tempelfesten erlaubt, und hat nichts mit der Wirklichkeit zu tun. Die Leute treiben eben gerne ein bißchen Spaß mit Wu Chang, weil er so offen, ehrlich und menschlich ist. Wer einen wirklichen Freund sucht, wird keinen besseren finden als ihn.

Es gibt eine Theorie, wonach Wu Chang ein Mensch ist, der mit der Geisterwelt verkehrt, mit anderen Worten ein menschliches Wesen, dessen Geist, während jener schläft, in der Hölle Dienst tut. Das sei der Grund, warum er so menschlich aussehe. Ich erinnere mich, daß nicht weit von meinem Elternhaus ein Mann in einer Hütte lebte, der sich als „wandernder Wu Chang" ausgab, und vor dessen Tür oft Weihrauch und Kerzen abgebrannt wurden. In der Tat fiel mir auf, daß sein Gesichtsausdruck etwas ungewöhnlich Geisterhaftes an sich hatte. War es möglich, daß sein Gesichtsausdruck menschlicher wurde, wenn er sich als Geist in der Unterwelt betätigte? — Ach! Unerforschlich ist die Welt der Geister. Wir müssen die Frage wohl aus sich beruhen lassen.

23. Juni

Vom Hundert-Pflanzen-Garten zum Drei-Düfte-Studio

Hinter unserem Haus lag ein großer Garten, der in unserer Familie der „Hundert-Pflanzen-Garten“ genannt wurde. Er ist seit langem zusammen mit dem Haus an die Nachkommen des Gelehrten Zhu* verkauft. Als ich ihn das letzte Mal vor sieben, acht Jahren wiedersah, hatte ich den Eindruck, als wachse nur noch Unkraut darin. Aber in meiner Kindheit war er mein Paradies.

Von den grünen Gemüsebeeten, der glitschigen Steinfassung des Brunnens, der hohen Gleditschie oder den purpurnen Maulbeeren brauche ich gar nicht zu sprechen, noch von dem unermüdlichen schrillen Zirpen der Zikaden im Blattwerk, den dicken, auf dem blühenden Raps sitzenden Wespen oder den behenden, unerwartet aus dem Gras hochschnellenden und dem Himmel zustrebenden Feldlerchen. Allein der Fuß der niedrigen Lehmmauer, die den Garten einfaßt, war eine nie versiegende Quelle der Freude. Hier verdösten Grillen faul den Tag, während Heimchen fröhlich vor sich hin zirpten. Drehte man einen zerbrochenen Ziegel um, kam bestimmt ein Tausendfüßler zum Vorschein. Stinkkäfer gab es auch; wenn man ihnen mit einem Finger leicht auf den Rücken drückte, stießen sie aus einer Öffnung am Hinterleib Wölkchen üblen Geruchs aus. Kreuzblumengesträuch hatte sich mit den Kletterfeigen verschlungen, deren Früchte den Kelchen der Lotosblume ähneln. Das Heilkraut Polygonum multiflorum hat bauchige Knollen, und im Volksmund hieß es, dieses Heilkraut hätte manchmal menschenähnliche Gestalt und wer eine solche Knolle äße, würde unsterblich. Ich zog

---

*Anspielung auf Zhu Xi, vgl. Fußnote S. 48; gemeint ist hier nur die Namensgleichheit.

darum eine Knolle nach der anderen aus der Erde. Zog ich an einer, wurden die der benachbarten Pflanzen auch mit herausgerissen, und ich beschädigte auf diese Weise ein beträchtliches Stück der Lehmmauer. Aber eine Knolle, die wie ein Mensch aussah, fand ich nicht ein einziges Mal. Wer Dornen nicht fürchtete, konnte Himbeeren pflücken, die dicht wie Trauben korallener Perlen in den Sträuchern hingen. Sie waren süß und trotzdem leicht säuerlich und hatten eine viel schönere Farbe und einen feineren Geschmack als die Maulbeeren.

Ins hohe Gras wagte ich mich nicht hinein, da es hieß, eine große, braune Schlange hause im Garten.

Mama Chang hatte mir einmal eine Geschichte erzählt: Es war einmal ein Gelehrter, der wohnte in einem alten Tempel, um dort zu studieren. Eines Abends, als er sich in der Kühle des Innenhofs erging, hörte er jemanden seinen Namen rufen. Den Zuruf erwidernd, blickte er um sich und gewahrte über der Mauer den Kopf einer wunderschönen Frau. Sie lächelte ihm zu und verschwand wieder. Er fühlte sich sehr glücklich, bis ein alter Mönch, der abends zu ihm kam, um sich mit ihm zu unterhalten, entdeckte, was geschehen war. Er bemerkte im Gesichtsausdruck des Gelehrten einen bösen Einfluß und erklärte ihm, daß er die „Schlangenschönheit" gesehen haben müsse — ein Ungeheuer mit einem menschlichen Kopf und dem Körper einer Schlange, das die Menschen bei ihrem Namen rufen könne. Wer antworte, den suche die Schlange noch in derselben Nacht auf, um ihn zu verschlingen.

Darüber war der Gelehrte natürlich zu Tode erschrocken. Aber der alte Mönch sagte ihm, er brauche sich keine Sorgen zu machen, und gab ihm ein kleines Kästchen; das solle er nur neben sein Kopfkissen stellen, dann könne er beruhigt einschlafen.

Obwohl der Gelehrte tat, wie ihm geheißen worden war, konnte er keinen Schlaf finden — was nicht weiter verwunderlich ist. Und tatsächlich hob um Mitternacht vor seiner Tür ein Zischen und Rascheln an, das sich anhörte wie Wind und Regen — das Untier kam! Während der Gelehrte noch vor Angst zitterte und bebte, da — sssch — blitzte auch schon ein goldener Strahl neben seinem Kopfkissen auf. Im selben Augenblick wurde es vor der Tür totenstill, und der goldene Strahl kehrte in sein Kästchen zurück.

Und was geschah danach? Danach erklärte ihm der alte Mönch, daß der goldene Strahl ein fliegender Tausendfüßler sei, der einer Schlange das Gehirn aussaugen könne. Und eben auf diese Weise sei die Schlangenschönheit getötet worden.

Und die Moral von der Geschichte? Wenn eine fremde Stimme deinen Namen ruft, darfst du auf keinen Fall antworten.

Diese Geschichte führte mir deutlich die Gefahren vor Augen, die im menschlichen Leben drohen. Wenn ich an einem Sommerabend im Freien saß, wagte ich oft kaum, zur Mauer zu schauen, und wünschte mir ein Kästchen mit einem fliegenden Tausendfüßler darin, wie es der alte Mönch besaß. Stets mußte ich an diese Geschichte denken, wenn ich in die Nähe des hohen Grases im Hundert-Pflanzen-Garten geriet. Bis zum heutigen Tag ist es mir nicht geglückt, in den Besitz eines solchen Kästchens zu gelangen. Der braunen Schlange oder „Schlangenschönheit" bin ich allerdings ebensowenig begegnet. Zwar habe ich schon oft eine fremde Stimme meinen Namen rufen hören, doch eine „Schlangenschönheit" war niemals darunter.

Im Winter war es ziemlich eintönig im Garten. Sobald es aber zu schneien begann, änderte sich die Lage. Schneemänner „prägen" (indem man sich in den Schnee fallen ließ) oder Schnee-Buddhas bauen erfordert freilich Beifall spendendes Publikum; und da unser Garten abseits lag und sich selten Besucher dorthin verirrten, war er für solche Beschäftigungen nicht der geeigneteste Ort. Ich beschäftigte mich deshalb ausschließlich mit dem Fangen von Vögeln. Ein leichter Schneefall reichte dazu jedoch noch nicht aus. Der Boden mußte ein oder zwei Tage mit Schnee bedeckt sein, so daß die Vögel hungrig zu werden begannen. Man fegte eine kleine Stelle schneefrei, stützte ein großes Bambussieb mit einem kurzen Stöckchen an einer Seite vom Boden ab und streute eine Handvoll Reishülsen darunter. Dann band man eine lange Schnur an das Stöckchen, ging mit dem Ende der Schnur in einiger Entfernung in Deckung und wartete auf die Vögel. Hüpften die Vögel unter das Sieb, zog man an der Schnur — und schon saßen sie in der Falle. Meistens waren es Spatzen, manchmal auch weißkehlige Bachstelzen, die sich so ungebärdig aufführten, daß sie nicht einmal einen Tag Gefangenschaft überlebten.

Es war Juntus* Vater gewesen, der mir diese Methode beigebracht hatte, aber ich brachte es darin nie zur Meisterschaft. Die Vögel hüpften zwar unter mein Sieb, aber wenn ich an der Schnur zog und hinüberlief, um nachzusehen, fand ich das Sieb meist leer. Ich mußte mich schon lange abmühen, um wenigstens drei oder vier zu fangen. In nur der Hälte der Zeit fing Juntus Vater Dutzende. Verstaut in einem Sack, machten sie sich durch lautes Tschilpen und Stoßen bemerkbar. Ich fragte ihn einmal nach dem Grund meines Mißerfolgs. Ruhig lächelnd sagte er:

„Du bist zu ungeduldig. Du wartest nicht, bis sie in der Mitte sind."

Ich weiß nicht, warum meine Eltern beschlossen, mich in die Schule zu schicken, und warum sie gerade die aussuchten, die als die strengste in der ganzen Stadt galt. Vielleicht, weil ich die Lehmmauer durch das Ausreißen des Heilkrautes Polygonum multiflorum beschädigt hatte; vielleicht, weil ich Ziegelsteine in den benachbarten Hof der Liangs geworfen hatte; vielleicht, weil ich auf die Steinfassung des Brunnens geklettert war, um von dort herunterzuspringen ... Ich werde

---

*Juntu, dessen wirklicher Name Zhang Yunshui war, wird in der Kurzgeschichte „Meine alte Heimat" von Lu Xun erwähnt. Er war der Sohn eines Bauern und Lu Xuns Spielgefährte in dessen Kindertagen.

den Grund niemals herausfinden. Wie dem auch sei, der Beschluß bedeutete das Ende meiner häufigen Besuche des Hundert-Pflanzen-Gartens. Ade*, meine Grillen! Ade, meine Himbeeren und Kletterfeigen!

Etwas weniger als einen halben Li östlich von unserem Haus, am anderen Ende einer Brücke, lag das Haus meines Lehrers. Man betrat es durch eine Tür aus schwarzlackiertem Bambus; das dritte Zimmer war der Unterrichtsraum. „Drei-Düfte-Studio“ konnte man als Inschrift an der Hauptwand lesen. Darunter hing ein Bild, das einen gelbbraunen, dicken Hirsch zeigte, der unter einem alten Baum lag. In Ermangelung eines Konfuzius-Schreins verbeugten wir uns vor der Inschrift und dem Hirsch; das erste Mal für Konfuzius, das zweite Mal für unseren Lehrer.

Unser Lehrer erwiderte unsere Verbeugung gnädig. Er war ein großer, hagerer, alter Mann mit graumeliertem Bart und einer riesigen Brille auf der Nase. Ich hatte den größten Respekt vor ihm, weil ich gehört hatte, er wäre der rechtschaffenste, verehrenswürdigste und gebildetste Mann in unserer Stadt.

Ich habe vergessen, wie ich in Erfahrung gebracht hatte, daß Dongfang Shuo** auch ein großer Gelehrter gewesen sei und ein Insekt mit dem Namen „Guaicai“*** gekannt habe, eine Inkarnation des Geistes irgendeines zu unrecht Erschlagenen, das sich in Nichts auflöste, wenn man es in Weil tauchte. Ich war begierig, diese Geschichte in allen Einzelheiten zu hören, aber Mama Chang konnte mir nicht weiterhelfen, schließlich war sie ja auch kein großer Gelehrter. Nun bot sich mir eine günstige Gelegenheit, ich konnte meinen Lehrer fragen.

---

*Bei Lu Xun in Deutsch.

**Ein als Witzbold bekannter Höfling und Berater (154-93 v.u.Z.) des Kaisers Wu Di aus der Han-Dynastie (Regierungszeit 140-87 v.u.Z.).

***“Guaicai“ bedeutet „O wie seltsam“.

„Was ist das für ein Insekt, dieses ‚Guaicai'?" fragte ich schnell am Ende einer neuen Lektion, bevor ich entlassen war.

„Das weiß ich nicht." Er schien nicht sehr erfreut über meine Frage. Im Gegenteil, er blickte recht ärgerlich drein.

Ich schloß daraus, daß es sich für Schüler nicht geziemt, Fragen wie diese zu stellen; sie haben sich aufs Lernen zu konzentrieren. Als solch großer Gelehrter mußte er natürlich die Antwort wissen. „Das weiß ich nicht" bedeutete, daß er sie mir nicht geben wollte. Erwachsene verhielten sich oft so, das wußte ich aus früheren Erfahrungen.

Ich konzentrierte mich also aufs Lernen. Mittags übte ich mich in der Kalligraphie, abends verfaßte ich Zweizeiler*. In den ersten paar Tagen war der Lehrer recht ungnädig; dann begann er, mich freundlicher zu behandeln. Aber nach und nach gab er mir immer mehr zu lesen auf und erhöhte auch die Zahl der Schriftzeichen je Vers — von drei auf fünf und schließlich auf sieben.

Hinter dem „Drei-Düfte-Studio" lag auch ein Garten. Er war zwar klein, aber man konnte auf die Terrasse steigen und Winterpflaumen pflücken oder den Boden und den duftenden Cassiabaum nach abgeworfenen Zikadenhäuten absuchen. Am besten ging Fliegenfangen, um damit Ameisen zu füttern, denn das verursachte keine Geräusche. Aber zu viele von uns konnten nicht auf einmal in den Garten entweichen oder lange dort bleiben, denn dann tönte unweigerlich aus dem Raum die Stimme des Lehrers:

„Wo seid ihr alle?"

Dann schlüpften wir, einer nach dem anderen, ins Klassenzimmer zurück; gemeinsam zurückzukommen war nicht ratsam. Er hatte ein Lineal, das er allerdings selten benutzte, und eine Methode, Schüler durch Niederknien zu

*Der erste Schritt beim Lernen, im klassischen Versmaß Gedichte zu schreiben.

bestrafen, die er ebenfalls selten anwandte. Gewöhnlich ließ er seine Blicke ein paarmal durch das Zimmer wandern und befahl dann mit erhobener Stimme:

„Lest eure Texte!"

Hierauf begannen wir alle laut unsere Texte vor uns hin zu lesen. Es hörte sich an wie das Brodeln von siedendem Wasser in einem Kessel.

Jeder las aus einem anderen Text:

„Ist Menschlichkeit fern? Suche ich sie, ist sie hier."*

„Will man einen Zahnlosen verspotten, sagt man: ‚Der Hundezwinger steht offen.'"**

„Bei der oberen Neun verbirgt sich der Drache und wartet ab."***

„… ein Boden geringer Güte, aber mit hohem Ertrag an Geringerwertigem, zum Teil auch Hochwertigem; er trägt Gewächse zum Mattenflechten, Orangen, Pampelmusen."†

…

Der Lehrer selbst las auch laut. Unsere Stimmen wurden allmählich immer leiser, und wir verstummten schließlich ganz. Nur er allein fuhr fort, mit gleichbleibend lauter Stimme zu deklamieren:

„Er schwingt das Zepter, und alles steht in fassungslosem Staunen … Der goldene Kelch ist bis zum Rand gefüllt; doch auch tausend Schalen können ihn nicht trunken machen …"††

Ich vermutete, daß das zum Besten in der Literatur gehören müsse, denn jedesmal, wenn er an diese Stelle kam,

---

*Aus den „Analekten".

**Aus dem Schulbuch „Jadewald der Sprichwörter für die Jugend".

***Aus dem „Buch der Wandlungen".

†Aus dem „Buch der Urkunden".

††Aus einem Epos aus der Qing-Dynastie; geschildert wird die Arroganz des Prinzen Li Keyong (856-908) aus der Tang-Dynastie auf einem Fest.

lächelte er, warf dann den Kopf ein wenig zurück, schüttelte ihn und lehnte sich schließlich weit zurück.

Wenn unser Lehrer völlig im Lesen aufgegangen war, war unsere beste Zeit gekommen. Einige steckten Papierhelme auf die Finger und spielten Puppentheater. Ich pflegte dann zu zeichnen, indem ich auf — wie wir es nannten — „Jingchuan-Papier" die Illustrationen verschiedener Romane durchzeichnete, genauso, wie wir für kalligraphische Übungen Schriftzeichen nachzogen. Je mehr Bücher ich las, desto mehr Illustrationen hatte ich durchzuzeichnen. Ein guter Schüler bin ich nicht geworden, aber als Künstler machte ich keine geringen Fortschritte. Die gelungensten Werke ergaben zwei dicke Bände mit Illustrationen, der eine aus dem Buch „Die Niederwerfung der Banditen", der andere aus dem Buch „Die Pilgerfahrt nach dem Westen". Als ich später dringend Geld brauchte, verkaufte ich sie an einen reichen Schulkameraden, dessen Vater einen Lachen besaß, wo man das bei Beerdigungen benötigte Papiergeld kaufen konnte. Wie ich höre, führt er das Geschäft inzwischen selbst und wird es bald zum Rang einer „Ortsgröße" gebracht haben. Meine Zeichnungen müssen schon vor langer Zeit den Weg alles Irdischen gegangen sein.

18. September

Vaters Krankheit

Es mag schon über zehn Jahre her sein, daß die folgende Geschichte über einen bekannten Arzt Stadtgespräch in S. war.

Dieser Arzt verlangte für einen gewöhnlichen Besuch einen Yuan vierzig, zehn Yuan für einen Notruf, das Doppelte für einen Nachtruf und ebenfalls das Doppelte für einen Besuch außerhalb der Stadt. Eines Abends erkrankte die Tochter einer außerhalb der Stadt wohnenden Familie. Da die Krankheit schwer war, schickte man nach ihm. Zu jener Zeit hatte er mehr Geld, als er auszugeben wußte. Er weigerte sich deshalb, für unter hundert Yuan den Besuch zu machen. Der Familie blieb nichts anderes übrig, als darauf einzugehen. Er besah sich die Kranke jedoch nur flüchtig und sagte: „Es ist nichts Ernstes."

Dann schrieb er ein Rezept aus, steckte die hundert Yuan ein und ging.

Die Familie muß wohl sehr wohlhabend gewesen sein, denn schon am nächsten Tag ließ sie erneut nach ihm schicken. Der Hausherr empfing ihn an der Tür mit lächelndem Gesicht.

„Gestern abend haben wir ihr die von ihnen verordnete Medizin gegeben, Herr Doktor", sagte er. „Es geht ihr bedeutend besser. Darum haben wir Sie gebeten, noch einmal nach ihr zu sehen."

Wie beim ersten Mal geleitete er den Arzt in das Schlafzimmer, und eine Dienerin zog die Hand der Patientin unter dem Bettvorhang hervor. Der Arzt befühlte das Handgelenk. Es war eiskalt und ohne Puls.

„Hm." Er nickte. „Über diese Krankheit bin ich mir im klaren."

Er schritt ruhig zum Tisch, holte ein Rezeptformular hervor und schrieb darauf: „Dem Überbringer sind einhundert Silberyuan auszuzahlen."

Darunter setzte er Namen und Siegel.

„Diese Erkrankung sieht doch recht gefährlich aus, Herr Doktor“, bemerkte der Hausherr hinter ihm. „Mir scheint, die Medizin könnte etwas kräftiger sein.“

„Das läßt sich machen“, erwiderte der Arzt und schrieb eine neue Anweisung aus: „Dem Überbringer sind zweihundert Silberyuan auszuzahlen.“

Darunter setzte er wiederum Unterschrift und Siegel.

Der Hausherr legte das Rezeptformular beiseite und geleitete ihn höflich hinaus.

Mit diesem stadtbekannten Arzt hatte ich zwei Jahre lang zu tun, denn er sah jeden zweiten Tag nach meinem Vater. Obwohl er schon einen Namen hatte, besaß er damals noch nicht mehr Geld, als er auszugeben wußte. Dessenungeachtet verlangte er auch zu jener Zeit bereits einen Yuan vierzig pro Besuch. Heutzutage gilt in größeren Städten eine Zehn-Yuan-Forderung nicht als übertrieben hoch, aber in meiner Jugend waren ein Yuan vierzig ein ansehnlicher Betrag, der nicht leicht aufzubringen war — insbesondere, wenn er jeden zweiten Tag fällig wurde.

Er war wirklich in seiner ganzen Art ungewöhnlich. So war man sich allgemein darüber einig, daß er ausgefallene Medikamente verschrieb. Ich verstehe ja nichts von Medizin. Mir fiel nur auf, wie schwierig seine „Zusatzmittel“ zu beschaffen waren. Jede neue Rezeptur hielt mich eine Weile in Atem. Erst mußte ich die Medizin kaufen und dann das Zusatzmittel auftreiben. Niemals verwandte er so landläufige Ingredienzien wie zwei Scheibchen Ingwer oder zehn Bambusblätter ohne Spitzen. Bestenfalls verordnete er Schilfwurzeln, die ich dann am Flußufer ausgraben mußte. Verfiel er aber auf Zuckerrohr, das drei Winter Frost gehabt haben sollte, kostete mich das Suchen mindestens drei Tage. Aber so erstaunlich es klingen mag, ich glaube, meine Suche verlief am Ende immer erfolgreich.

Man war sich allgemein darüber einig, daß gerade hierin

seine ärztliche Kunst begründet lag. Es gab einmal einen Patienten, dem kein Medikament Heilung verschaffen konnte, bis er auf einen gewissen Dr. Ye Tianshi traf, der nichts weiter tat, als Platane-Blätter als Zusatzmittel zum alten Rezept zu verordnen. Schon nach der ersten Verabreichung gesundete der Patient. „Die Medizin ist eine geistige Anglegenheit." Es war gerade Herbst, und die Platane spürt als erster Baum das Nahen des Herbsts; deshalb konnte sich Dr. Ye Tianshi in einem Fall, wo alle anderen Drogen versagt hatten, den Geist des Herbstes zunutze machen. Geist stieß auf Geist, und der Patient konnte so ... Obwohl ich von alledem nichts verstand, war ich doch tief beeindruckt von dieser Therie, und ich begriff, daß nur Medikamente, die schwierig zu beschaffen sind, wirksam sein können. Wer unsterblich werden will, muß gar sein Leben aufs Spiel setzen und tief in die Berge gehen, um das Lebenskraut zu pflücken.

In den zwei Jahren regelmäßiger Hausbesuche lernte ich diesen berühmten Arzt allmählich recht gut kennen; ja, man kann sagen, wir wurden fast Freunde. Vaters Wassersucht verschlimmerte sich von Tag zu Tag, so daß es aussah, als würde sie ihn bald ganz ans Bett fesseln. Ich verlor allmählich den Glauben an Heilmittel wie Zuckerrohr, das drei Jahre Winterfrost hinter sich hatte, und im selben Maße sank mein Eifer, derartige Zusatzmittel zu suchen und zuzubereiten. Es war eben zu dieser Zeit, als der Arzt eines Tages, nachdem er sich nach dem Zustand meines Vaters erkundigt hatte, freimütig sagte:

„Mein Wissen ist erschöpft. Es gibt hier einen Dr. Chen Lianhe, der mehr weiß als ich. Ich rate Ihnen, diesen Arzt zu konsultieren. Ich werde Ihnen eine Empfehlung schreiben. Es ist nicht etwa so, daß die Krankheit bedenklich ist, nur wird er sie schneller heilen können ..."

Die ganze Familie blickte sehr betroffen an jenem Tag, aber ich geleitete ihn ehrerbietig wie immer zu seiner Sänfte hinaus. Als ich wieder ins Haus zurückkehrte, fand ich meinen Vater völlig verstört. Er sprach mit jedem einzelnen den Vorschlag durch und meinte, daß es für ihn wohl keine Hoffnung mehr gebe. Der Arzt hatte die Krankheit zwei Jahre lang ohne jeden Erfolg behandelt. Angesichts der akuten Verschlechterung des Gesundheitszustandes seines Patienten, den er so gut kannte, war er in arge Verlegenheit geraten. Um sich aus der Affäre zu ziehen, hatte er deshalb einen anderen Arzt empfohlen. Aber was konnten wir schon tun? Es war eine Tatsache, daß der einzige andere bekannte Arzt in unserer Stadt eben jener Chen Lianhe war. Am folgenden Tag baten wir ihn also, die Behandlung zu übernehmen.

Auch Herr Chen berechnete einen Yuan vierzig. Doch während unser erster bekannter Arzt ein dickes, rundes Gesicht hatte, hatte der zweite ein dickes, langes; das war der eine Unterschied zwischen beiden. Der zweite bestand in der Wahl der Heilmittel: Die Rezepte, die unser erster bekannter Arzt verschrieb, konnte einer allein beschaffen; aber wenn möglich konnte ein Mensch allein mit den von Dr. Chen verordneten zurechtkommen, denn immer war eine Pille oder ein Pulver besonderer Art oder ein ganz ausgefallenes Zusatzmittel darin miteinbegriffen.

Dinge wie Schilfwurzeln oder Zuckerrohr, das drei Winter mit Frost hinter sich gebracht hatte, verwandte er überhaupt nicht. Am häufigsten verschrieb er „ein Grillenpärchen“, versehen mit einer Randnotiz in kleinen Schriftzeichen: „Es muß ein echtes Paar aus demselben Nest sein.“ Es scheint, daß selbst Insekten keusch sein müssen. Verliert eines seinen Partner und vermählt sich neu, geht es sogar des Rechts auf Verwendung in der Heilkunst verlustig. Diese Bedingung bereitete mir jedoch keine Schwierigkeit, denn im „Hundert-Pflanzen-Garten“ ließen sich mühelos zehn Paare hintereinander fangen. Ich band sie mit einem Faden zusammen und warf sie lebendig in den Kochtopf. Damit war die Sache schon erledigt. Aber dann sollten es „zehn Pingdimu-Beeren“ sein. Keiner kannte sie. Ich fragte in der Apotheke, ich fragte verschiedene Bauern, ich fragte den Heilkräuterhändler, ich fragte alte Leute und Gelehrte und einen Tischler. Alle schüttelten den Kopf. Schließlich fiel mir mein entfernter Großonkel ein, dieser alte Herr, der aus Liebhaberei Bäume und Pflanzen züchtete. Ich lief sofort zu ihm. Tatsächlich wußte er Bescheid! Es handelte sich um ein Strauchgewächs, das in den Bergen am Fuß von Bäumen wächst und korallenperlenähnliche kleine rote Beeren trägt. Der Volksmund nannte es: „Laofuda — wird als und wächst nicht."

„Eisenschu' hast du durchgewetzt gar, obwohl es so einfach zu haben war."

Das Zusatzmittel hatte ich also, jetzt fehlte nur noch eine ganz besondere Pille: eine „Alte-Trommelfell-Pille". Diese Pillen wurden aus einem abgenutzten Trommelfell hergestellt. Da man „Wassersucht" auch „Gespannt-wie-eine-Trommel-Krankheit" nennt, liegt es auf der Hand, daß man sie mit einem abgenutzten Trommelfell kurieren kann. Nach demselben Prinzip verfuhr Gangyi aus der Qing-Dynastie. Er haßte die „ausländischen Teufel", und als er zum Kampf gegen sie rüstete, stellte er ein „Tiger-Geister-Korps" auf; die Tiger sollten die Schafe fressen, während die Geister die Teufel erledigen konnten*. Leider gab es nur einen einzigen Laden in der ganzen Stadt, in dem diese Wunderpillen erhältlich waren, und der lag fünf Li von unserem Haus entfernt. Aber was bedeutete das schon verglichen mit den „Pingdimu-Beeren", bei deren Suche wir so lange im Dunkeln getappt waren. Als Herr Chen das Rezept ausgeschrieben hatte, gab er mir eindringlich detaillierte Anweisungen, wo die „Alte-Trommelfell-Pille" zu beschaffen sei.

---

*Das „Tiger-Geister-Korps" wurde von dem Mandschu-Beamten Caiyi, nicht von Gangyi aufgestellt. „Ausländisch" und „Schaf" haben im Chinesischen zwar verschiedene Schriftzeichen, sind aber gleichlautend.

„Ich habe ein Medikament“, sagte Herr Chen eines Tages zu meinem Vater, „das sicher eine ausgezeichnete Wirkung hätte. Man legt es auf die Zunge, denn die Zunge ist der geistige Ausläufer des Herzens… Es ist auch nicht teuer, nur zwei Yuan die Schachtel…“

Mein Vater dachte eine Weile nach, dann schüttelte er den Kopf.

Ein andermal sagte Dr. Chen zu meinem Vater: „Es kann nicht ausgeschlossen werden, daß die gegenwärtige Behandlung ihre Wirkung verfehlt. Ich meine, wir sollten einen Hellseher befragen, ob die Krankheit nicht von einem Geist herrührt, der Rache nehmen will… Ein Arzt vermag zwar Krankheiten zu heilen, aber nicht das Schicksal zu beeinflussen — da werden Sie mir Recht geben. Natürlich könnte es sich dabei um ein Geschehnis aus einem früheren Leben handeln…“

Mein Vater dachte eine Weile nach, dann schüttelte er den Kopf.

Gute Ärzte können Tote wieder zum Leben erwecken, wie wir von den Hinweisschildern wissen, die an ihren Häusern hängen und die uns beim Vorübergehen ins Auge fallen. Jetzt hat man eine Einschränkung gemacht, und die Ärzte selbst sagen: „Das eigentliche Gebiet der westlichen Medizin ist die Chirurgie, das der chinesischen die innere Medizin.“ Aber damals gab es keinen Arzt mit westlicher Ausbildung in S. Ja, man hatte nicht einmal eine Ahnung von der Existenz von so etwas wie einem westlichen Arzt. Wenn jemand krank wurde, hatten wir deshalb keine andere Wahl, als uns an die Nachkommen von Ji Bo und dem Gelben Kaisers* um Rat zu wenden. Zur Zeit des Gelben Kaisers waren Zauberer und Ärzte ein und dasselbe, und bis auf den heutigen Tag vermögen seine Schüler Geister zu sehen und glauben, daß die Zunge der „geistige Ausläufer des Herzens“ ist. Das ist

*Zwei Götter der Medizin in der chinesischen Mythologie

das „Schicksal“ der Chinesen, eine Krankheit, die selbst berühmte Ärzte nicht heilen können.

Wenn sich mein Vater weigerte, das auf der Zunge wirksame Medikament anzuwenden, und ihm nicht einfallen wollte, welchen auf Rache versonnenen Geist er beleidigt haben könnte, hatte es natürlich wenig Sinn, daß er hundert Tage und länger einfach Alte-Trommelfell-Pillen schluckte. Die Trommelfell-Pillen erwiesen sich als unwirksam gegen die Wassersucht, und schließlich lag mein Vater in den letzten Zügen auf dem Bett. Noch ein Mal ließen wir Dr. Chen Lianhe kommen — diesmal war es ein Notruf für zehn Silber-Yuan. Noch ein Mal schrieb er ruhig ein Rezept aus. Es enthielt keine Trommelfell-Pillen mehr, und auch das Zusatzmittel war kein allzu ausgefallenes. Die Zubereitung der Medizin nahm nicht viel Zeit in Anspruch. Aber als wir sie meinem Vater einflößten, trat die Flüssigkeit aus den Mundwinkeln wieder heraus.

Damit endete mein Verkehr mit Dr. Chen Lianhe. Nur manchmal sah ich ihn noch auf der Straße in seiner von drei Trägern getragenen, schnellen Sänfte vorbeieilen. Wie ich höre, erfreut er sich immer noch bester Gesundheit, praktiziert auch noch und gibt daneben eine Zeitschrift über traditionelle chinesische Medizin heraus, in der er gegen jene Ärzte mit westlicher Ausbildung, die lediglich für die Chirurgie taugen, zu Felde zieht.

In der Tat besteht ein gewisser Unterschied zwischen der chinesischen und westlichen Auffassung. Wenn in China ein pflichtbewußter Sohn bemerkt, daß es mit seinen Eltern zu Ende geht, kauft er etwas Ginseng, kocht es und gibt ihnen davon zu essen, in der Hoffnung, damit ihr Leben um ein paar Tage oder wenigstens einen halben Tag zu verlängern. Einer meiner Professoren für Medizin sagte mir, daß ein Arzt die Pflicht habe, diejenigen zu heilen, die geheilt werden können, und dafür Sorge zu tragen, daß die unheilbar Kranken einen leichten Tod finden. Aber dieser Professor kam natürlich aus der westlichen Schule.

Vaters Atem ging immer schwerer. Sogar ich konnte kaum noch mit anhören, wie er nach Luft rang. Doch niemand konnte ihm helfen. „Wenn nur alles schnell vorüber wäre…“ schoß mir manchmal durch den Kopf. Aber sofort plagten mich Gewissensbisse, denn so etwas durfte man doch gar nicht denken. Trotzdem fühlte ich irgendwie, daß diesem Gedanken nichts Schlechtes anhaftete, denn ich liebte meinen Vater sehr. Auch heute denke ich darüber nicht anders.

Früh am Morgen kam Frau Yan, die mit uns auf demselben Grundstück wohnte, zu uns. Eine Autorität in Fragen der Schicklichkeit, mahnte sie uns, die Zeit nicht so untätig verstreichen zu lassen. Wir wechselten also seine Kleidung, verbrannten Papiergeldmünzen und etwas, das sich Gaowang-Sutra* nannte, und drückten die Asche, in Papier eingewickelt, in seine Hand …

„Ruf ihn!“ wies mich Frau Yan an. „Dein Vater tut gleich seinen letzten Atemzug. Ruf ihn schnell!“

Ich rief also: „Vater! Vater!“

„Lauter! Er kann dich nicht hören. So mach doch!“

„Vater! Vater!“

Sein vorher gelöstes Gesicht spannte sich plötzlich wieder. Er hob seine Augenlider ein wenig, als bereite ihm etwas starke Schmerzen.

„Ruf ihn!“ drängte sie. „Schnell, ruf ihn!“

„Was ist? … Nicht schreien … nicht …“ Seine Stimme war leise, und noch einmal rang er nach Luft. Es dauerte eine Weile, bis er sich wieder beruhigt hatte.

„Vater!!!“

Ich fuhr mit dem Rufen fort, bis er seinen letzten Atemzug getan hatte.

---

*Nach einem alten Aberglauben hatte der Sterbende in der Hölle weniger Qualen zu leiden, wenn ihm die verbrannte Sutra in die Hand gedrückt wurde.

Noch heute habe ich den Klang meiner Stimme von damals im Ohr, und sooft ich dieses Schreien höre, fühle ich, daß ich mich meinem Vater gegenüber niemals falscher verhalten habe, als gerade damals.

7. Oktober

Fragmentarisches

Frau Yan ist seit langem Großmutter, vielleicht sogar Urgroßmutter. Damals freilich war sie noch jung. Sie hatte nur einen Sohn, der drei oder vier Jahre älter war als ich. Obwohl sie ihr eigenes Kind mit Strenge behandelte, war sie zu fremden Kindern immer freundlich; die konnten soviel Unsinn anstellen, wie sie wollten, niemals sagte sie deren Eltern etwas davon. Deshalb spielten wir alle gern in ihrem Haus oder in dessen Umgebung.

Um nur ein Beispiel zu nennen: Im Winter bemerkten wir eines Morgens, daß sich auf der Wassertonne eine dünne Eisschicht gebildet hatte, und machten uns ein Vergnügen daraus, an den Eisstückchen zu lutschen. Sofort fing die Vierte Frau Shen, die uns beobachtet hatte, an zu zetern: „Hört auf mit dem Eislutschen! Davon bekommt ihr Bauchweh!" Auf ihr Geschrei hin kam meine Mutter herausgelaufen und schalt uns aus, und wir durften für etliche Stunden nicht mehr dort spielen. Wir waren uns alle einig, daß die Vierte Frau Shen an allem schuld war und deshalb jedes Anrecht auf Respekt verloren habe, wenn man von ihr sprach. Wir beschlossen, sie nur noch „Bauchweh" zu nennen.

Frau Yan verhielt sich völlig anders. Sah sie uns Eis lutschen, meinte sie mit freundlichem Lächeln: „Sehr gut! Ich zähle mit, wer am meisten schafft."

Gewisse Dinge mißfielen mir allerdings auch bei ihr. Ein Vorfall ereignete sich, als ich noch sehr klein war. Ich lief damals zu ihr ins Haus und traf sie und ihren Mann gemeinsam an einem Tisch lesend an. Als ich mich ihr näherte, hielt sie mir das Buch dicht vors Gesicht und sagte: „Sieh mal! Was glaubst du wohl, was das ist?" In dem Buch war ein Bild mit einem Haus, in dem zwei nackte Menschen miteinander zu kämpfen schienen, obwohl es nach einem wirklichen Kampf auch wieder nicht aussah. Während ich noch über dieses Problem grübelte, brachen sie in schallendes Gelächter aus. Das ärgerte mich gewaltig. Tief gekränkt mied ich ihr Haus zehn Tage lang oder noch länger.

Ein weiterer Vorfall ereignete sich, als ich schon über zehn Jahre alt war. Wir drehten uns um die Wette im Kreis, um zu sehen, wer es am längsten aushielt. Sie stand dabei und zählte mit: „Gut, 82! Und noch einmal, 83! Prächtig, 84! ...“ Doch A Xiang, der gerade noch eine Drehung gemacht hatte, schlug plötzlich der Länge nach zu Boden — genau in dem Moment, als seine Tante zufällig das Zimmer betrat. Da sagte Frau Yan schnell: „Siehst du, habe ich dir nicht gesagt, du würdest fallen? Aber du wolltest ja nicht auf mich hören. Hör auf mit dem Drehen, habe ich dir gesagt...“

Nichtsdestotrotz gingen die Kinder auch weiterhin gern zu ihr. Stieß sich einer den Kopf an und holte sich eine dicke Beule, war alles, was er von seiner Mutter erwarten konnte, eine Strafpredigt und etwas Salbe für die Beule; war keine Salbe zur Hand, gab es nur die Strafpredigt plus einige Extraschläge. Frau Yan hingegen schalt uns niemals aus. In einem solchen Fall verrührte sie geschwind ein wenig Puder mit Alkohol und strich die Mixtur auf die wunde Stelle, indem sie versicherte, danach würden die Schmerzen aufhören und man würde nicht einmal einen blauen Fleck sehen.

Auch nach meines Vaters Tod besuchte ich häufig ihr Haus, jetzt allerdings nicht mehr, um mit anderen Kindern dort zu spielen, sondern um mit ihr und ihrem Mann zu plaudern. Zu jener Zeit gab es so viele Dinge — sei es zum Lesen oder zum Essen —, die ich mir hätte kaufen wollen, aber ich hatte kein Geld. Als ich dies einmal erwähnte, meinte sie: „Nimm dir doch etwas vom Geld deiner Mutter. Gehört ihr Geld nicht auch dir?“ Auf meine Entgegnung, meine Mutter habe kein Geld, riet sie mir, ihren Schmuck zu verkaufen. Ich erklärte ihr, es gäbe keinen Schmuck. „Vielleicht hast du nur nicht genau genug nachgesehen. Ich bin überzeugt, du findest ein paar Perlen oder derartiges, wenn du die Schubladen dieser großen Kommode und alle Zimmerwinkel nur gründlich genug durchstöberst ...“

Dieser Ratschlag kam mir so sonderbar vor, daß ich wieder einmal mit meinen Besuchen bei ihr aussetzte. Aber manchmal war ich wirklich in Versuchung, die dicke Truhe zu öffnen und eine genaue Durchsuchung vorzunehmen. Es war wahrscheinlich noch kein Monat seit jener Unterredung vergangen, als mir das Gerücht zu Ohren kam, ich hätte, um an Geld zu gelangen, Sachen aus unserem Haus gestohlen. Mir war, als hätte man mich in eiskaltes Wasser getaucht. Woher das Gerücht kam, war mir klar. Geriete ich heutzutage in eine solche Lage, so würde ich — die Möglichkeit öffentlicher Bekanntmachung vorausgesetzt — gewiß nicht zögern, den Gerüchtemacher zu demaskieren. Aber damals war ich noch zu jung, um mit Attacken solcher Art fertig zu werden. Verleumdete mich jemand, fühlte ich mich wirklich irgendeines Verbrechens schuldig; ich wagte den Menschen nicht mehr in die Augen zu sehen und scheute selbst davor zurück, mich von meiner Mutter trösten zu lassen.

Auch gut. Dann hieß es eben Abschied nehmen.

Aber wohin sollte ich gehen? Ich kannte alle Einwohner von S. — zumindest vom Sehen, denn es gab ihrer nicht allzu viele — und hatte das Gefühl, sie durchschaut zu haben. Ich mußte nach Menschen anderer Art Ausschau halten, einer Art, die den Leuten von S. verhaßt war, und wären es wilde Tiere oder Teufel gewesen. Damals machte sich die ganze Stadt über eine vor kurzem neu eröffnete Schule lustig, die sich Chinesisch-Westliche Schule nannte und neben Chinesisch auch Fremdsprachen und Mathematik unterrichtete. Dieser Umstand genügte, um sie zur Zielscheibe des allgemeinen Spotts zu machen. Einige in den Werken der Weisen bewanderte Literaten verfaßten sogar unter Verwendung von

Sätzen aus den „Vier Büchern"* einen „Bagu"-Essay, in dem sie die neue Schule bewitzelten. Dieser berühmte Essay verbreitete sich in Windeseile in der ganzen Stadt und wurde für jedermann zu einem beliebten Gesprächsthema. Ich kann mich heute nur mehr an die ersten Sätze der Einleitung erinnern:

> *„Meister Xu sagte zu Meister Yi: Ich habe wohl gehört, daß die chinesische Kultur dazu dient, die Barbaren aufzuklären, aber niemals habe ich gehört, daß wir von den Barbaren aufgeklärt wurden. Doch die Zeiten haben sich geändert: heutzutage betrachtet man selbst primitive Sprachen, die sich wie Vogel gezwitscher anhören, als gebildet ..."*

Was folgte, habe ich vergessen. Vermutlich ähnliche Argumente wie die der gegenwärtigen Hüter unserer nationalen Schätze. Doch auch ich war enttäuscht von dieser Chinesisch-Westlichen Schule, denn auf ihrem Lehrplan standen nur Chinesisch, Mathematik, Englisch und Französisch. Ausgefallenere Fächer wurden in der Qiushi-Hochschule in Hangzhou unterrichtet, aber die Schulgebühren waren hoch.

In Nanjing gab es kostenlosen Schulunterricht; ich hatte also gar keine andere Wahl, als dorthin zu gehen. Der heutige Name der Schule, die ich zuerst besuchte, ist mir unbekannt**. Ich glaube, nach der Revolution hieß sie eine Zeitlang „Blitz-und-Donner"-Schule, ein Name, der an Titel

---

*Damit sind die klassischen, konfuzianischen Werke gemeint: „Das große Lernen", „Doktrin der Mitte", „Analekten" und „Menzius". Diese Schriften benutzten die Reaktionäre, um das Denken der Massen zu beherrschen. Der „Bagu"-Essay war ein Aufsatz nach einem bestimmten, unveränderlichen Schema, der ursprünglich in den Beamtenprüfungen der Ming- und Qingzeit geschrieben werden mußte.

**Es war die Jiangnan-Marine-Schule.

wie „Uranfängliche, höchste Ordnung“ oder „Ordnung formloser Leere“ aus der „Kanonisation der Götter“* erinnert. Jedenfalls war das erste, was man sah, sobald man durch das Yifeng-Tor trat, ein etwa 60 Meter hoher Flaggenmast und ein Schornstein. Wie hoch der war, weiß ich nicht. Der Unterrichtsplan zeichnete sich durch größte Einfachheit aus: Vier volle Tage waren der englischen Sprache gewidmet: „It is a cat.“ „Is it a rat?“ Ein voller Tag galt klassischem Chinesisch: „Der Edelmann bemerkt: Ying Kaoshu sollte ein Mann größter Pietät genannt werden, denn so sehr er seine Mutter liebte, er dehnte diese Liebe auf den Prinzen aus.“ Einen ganzen Tag wurden chinesische Aufsätze geschrieben: „Kennst du dich und kennst du den Gegner, siegst du in hundert Schlachten hundert Mal“, „Über Ying Kaoshu“, „Wolken folgen dem Drachen, Wind dem Tiger“, „Wer sich mit Kohlstrünken als Nahrung begnügt, für den ist nichts unbezwingbar unter dem Himmel.“

Bei meinem Eintritt kam ich natürlich in die dritte oder unterste Klasse. In meinem Raum standen ein Tisch, ein Stuhl und ein Bett, das aus zwei Holzbrettern bestand. Die Schüler der ersten und zweiten Klasse unterschieden sich deutlich von denen der ersten dadurch, daß ihnen zwei Tische zur Verfügung standen, zwei oder drei Stühle und ein Bett mit drei Holzbrettern. Einen Stoß großer, dicker, ausländischer Bücher unter dem Arm, schritten sie mit gewichtiger Miene zu ihren Klassenzimmern, wogegen die Schüler der dritten Klasse nur ein Englischlehrbuch und die vier Bände von „Dsos Kommentar zu den ‚Frühlings- und Herbstannalen‘“ besaßen. Auch wenn sie nichts in der Hand hatten, winkelten sie beim Gehen die Arme wie Krabben an und versperrten dem Erstkläßler den Weg. Es ist schon eine Weile her, seit ich das letzte Mal solch einem krabbenähnlichen Großkopf begegnet

---

*Ein Roman aus der Ming-Dynastie über Götter und Dämonen.

bin. Vor vier oder fünf Jahren stieß ich zufällig auf einen alten Herren im Erziehungsministerium, der sich in eben dieser Positur auf einem ramponierten Sofa breitmachte. Die Tatsache, daß er nicht an der Blitz-und-Donner-Schule studiert hatte, beweist, daß die Krabbenhaltung in China ziemlich verbreitet ist.

Großer Beliebtheit erfreute sich der Flaggenmast, aber nicht wegen seines „Aufrechtstehens", einem Symbol für etwas, wie die Sinologen unserer östlichen Nachbarn sagen würden, sondern weil er so hoch war, daß sich Krähen und Elstern nur auf einer auf halber Höhe angebrachten hölzernen Scheibe niederlassen konnten. Wenn man auf seine Spitze kletterte, konnte man bis zum nahegelegenen Löwenberg und zum Mochou-See in der Ferne sehen. Aber ob man wirklich so weit sehen konnte, daran kann ich mich jetzt nicht mehr so genau erinnern. Gefährlich war das nicht, denn weiter unten war ein Sicherheitsnetz aufgespannt. Stürzte jemand ab, so fiel er weich wie ein kleiner Fisch in ein Netz. Seit man das Netz angebracht habe, sei übrigens auch niemand mehr abgestürzt, hörte ich.

Ursprünglich hatte es auch ein Becken gegeben, in dem die Schüler schwimmen lernen konnten, doch waren darin zwei ertrunken. Schon vor meiner Zeit in der Schule hatte man das Schwimmbecken wieder mit Erde aufgefüllt — und nicht nur das; an seiner Stelle war ein Tempelchen zu Ehren des Fürsten Guan Yu errichtet worden. Neben dem Tempelchen stand ein gemauerter Ofen zum Verbrennen von Abfallpapier, über dessen Öffnung in großen Schriftzeichen zu lesen stand: „Achte beschriebenes Papier!" Unglücklicherweise hatte das Auffüllen des Beckens die Geister der ertrunkenen Schüler der Möglichkeit beraubt, Nachfolger zu finden, und sie vielmehr gezwungen, an dem Ort umzugehen — trotz der Gegenwart des „weisen und kaiserlichen Teufelbezwingers Fürst Guan Yu". Da Schulleiter gewöhnlich gutherzige Leute sind, wurde jedes Jahr am fünfzehnten des siebten

Monats* ein Trupp Mönche engagiert, um in unserer für die Regentage vorgesehenen Turnhalle die Zeremonien abzuhalten. Ein beleibter, rotnasiger Obermönch stimmte dann die Beschwörungsformeln an: „Hui-zi-le, pu-mi-ye-hum! Om-ye-hum! Om! Ye! Hum!!!“

Das war die einzige Erleichterung, auf die diese unsere ehemaligen Klassenkameraden hoffen konnten, nachdem sie das ganze Jahr über von Fürst Guan Yu unterdrückt wurden. Worin die Erleichterung allerdings genau lag, war mir nicht ganz klar. Jedesmal an einem solchen Tag ging es mir durch den Kopf, wie ratsam es doch sei, sich gut in Acht zu nehmen.

Ich hatte immer das Gefühl, daß irgend etwas nicht ganz stimmte, obwohl es mir nicht möglich war, mein Unbehagen in Worte zu kleiden. Inzwischen habe ich ein Wort gefunden, das dem Sachverhalt zumindest ziemlich nahe kommt: mir kam das Ganze etwas „verworren“ vor. Da blieb nur Fortgehen. Heutzutage ist das schlichte Fortgehen nicht so einfach; denn sofort beschuldigen einen „rechtschaffene Ehrenmänner“, nur durch das Beschimpfen anderer Leute sei man zu einem neuen Vertrag mit einer anderen Hochschule gekommen, und machen spitze Bemerkungen wie die, daß sich eine „Berühmtheit“ freilich jede Laune erlauben könne. Damals aber war ein solches Unternehmen noch nicht so spektakulär. Ein Schulstipendium betrug für das erste Jahr nur zwei Silbertael plus fünfhundert Kupferkäsch für Auslagen während der drei ersten Probemonate. Die Sache war also problemlos, und so machte ich mich denn auf den Weg, um mich der Aufnahmeprüfung bei der Schule für Bergbau- und Eisenbahnwesen zu unterziehen. Ich glaube wenigstens, daß sie so hieß, denn an den Namen kann ich mich nicht mehr mit Bestimmtheit erinnern; und da mir mein Abschlußzeugnis

*Das buddhistische Ullambhana-Fest zur Erlösung der hungrigen Geister.

abhanden gekommen ist, kann ich ihn leider auch nicht mehr überprüfen. Der Test war nicht schwer, und ich wurde aufgenommen.

Diesmal lernten wir nicht „It is a cat“, sondern „Der Mann, die Frau*, das Kind“. Im Fach Chinesisch lasen wir zusätzlich zu „Ying Kaoshu sollte ein Mann größter Pietät genannt werden“ das „Etymologische Lexikon mit Kommentaren“**. Auch bei den Aufsatzthemen war ein gewisser Unterschied festzustellen. „Gute Arbeit erfordert gutes Werkzeug“ zum Beispiel war ein Thema, über das wir noch nie zuvor geschrieben hatten.

Dann gab es Physik, die Wissenschaft von der Erde, die Wissenschaft von den Metallen und Steinen … all das war ziemlich neu für uns. Bei den letzt genannten beiden Fächern handelte es sich übrigens um das, was wir heute Geologie und Mineralogie nennen, nicht um die alte Geographie oder das Studium von Bronze- und Steininschriften. Nur das Darstellen von Schienenprofilen war eine ziemlich mühselige Arbeit, und die Parallelen beim Zeichnen von Gleisführungen machten einem noch mehr zu schaffen. Der Schuldirektor im zweiten Jahr war ein Reformist*. Während der Fahrt in seiner Kutsche pflegte er die „Shiwu-Bao“** zu lesen, und die von ihm gestellten Prüfungsthemen in Chinesisch unterschieden sich nicht wenig von denen der anderen Lehrer. Einmal sollten wir über Waschington schreiben. Da kam unser Lehrer für Chinesisch ganz verstört angelaufen und fragte uns: „Was ist das, ein Huashengdun?“

Dann kam das Lesen neuer Bücher in Mode, und ich erfuhr, daß es ein Buch gab, das sich „Evolution und Ethik“ nannte. An einem Sonntag ging ich in die Südstadt und kaufte es mir: ein dicker Band, lithographiert auf feinem,

---

*Bei Lu Xun fälschlich „die Weib“.

**Vermutlich von Zhu Xi in der Song-Dynastie herausgegeben und von Chen Xuan in der Ming-Dynastie mit Anmerkungen versehen.

weißem Papier. Es kostete fünfhundert Kupferkäsch. Ich machte es auf — die Schriftzeichen waren sehr schön geschrieben — und begann die Einleitung zu lesen:

*„Huxley hatte einen schönen Blick aus dem Fenster seines Hauses in Südengland. Hinter dem Haus erhoben sich Berge, davor erstreckte sich eine Ebene. Allein in seinem Zimmer, überlegte er: Wie mag diese Gegend vor zweitausend Jahren ausgesehen haben, bevor noch Julius Cäsar hierher kam? Es kann hier nur von der Natur geschaffene Wildnis gegeben haben...“**

Erstaunlich! Es lebte also auf unserer Erde ein Mann namens Huxley, der in seinem Arbeitszimmer saß und nachdachte und mit solchen Neuigkeiten vor die Öffentlichkeit trat! Ich las das Buch in einem Satz durch. Ich fand darin die „natürliche Auslese“, Sokrates, Plato, die Stoiker... Die Schule hatte einen Leseraum, in dem natürlich die „Shiwu-Bao“ auslag; dann gab es noch die Zeitschrift „Ausgewählte Übersetzungen“**, deren Kopfleiste in einem schönen Blau im Stil der kalligraphischen Schule von Zhang Lianqing*** geschrieben war.

„Mit dir stimmt etwas nicht, mein Junge. Lies dir diesen Artikel durch und schreib ihn ab!“ befahl mir einer meiner Onkel in strengem Ton, indem er mir eine Zeitung vorhielt. „Ihr Untertan Xu Yingkui bittet untertänigst, melden zu

---

*Nach der chinesischen, sehr freien Übersetzung. Die Stelle lautet, wörtlicher nach dem Original übersetzt: „Es kann als gesichert gelten, daß vor zweitausend Jahren, bevor Cäsar seinen Fuß auf das südliche Britannien setzte, die ganze Gegend, wie sie sich meinem Blick aus dem Fenster des Zimmers, in dem ich gerade schreibe, sich in einem Zustand befand, den man gemeinhin den ‚Naturzustand‘ nennt.“

**Eine 1900 von chinesischen Studenten in Japan gegründete Zeitschrift mit Übersetzungen westlicher Bücher über Recht und Politik, wie zum Beispiel Rousseaus „Du contract social“.

***1823-1894. Ein bekannter Kalligraph dieser Zeit.

dürfen…“ begann der Artikel; aber sonst kann ich mich an keinen einzigen Satz mehr erinnern. Ich weiß nur noch so viel, daß darin Kang Youweis Reformen angegriffen wurden.* Auch ob ich den Artikel tatsächlich abgeschrieben habe oder nicht, ist mir inzwischen entfallen.

Auch nach der Lektüre des Artikels hatte ich nicht das Gefühl, daß mit mir etwas „nicht stimmte“. Wann immer die Zeit es erlaubte, vertiefte ich mich in „Evolution und Ethik“ und knabberte dazu, wie es meine Gewohnheit war, Gebäck, Erdnüsse und Paprika.

Einmal wurde der Friede an unserer Schule empfindlich gestört. Das war im zweiten Jahr, als wir hörten, die Schule solle geschlossen werden. Die Nachricht kam keineswegs überraschend, denn die Schule war gegründet worden, weil sich der Gouverneur von Jiangnan** und Jiangxi (wahrscheinlich Liu Kunyi) hatte sagen lassen, daß die Qinglongshan-Kohlengrube reiche Fördererergebnisse verspräche. Als die ersten Studenten in die Schule einzogen, hatte die Grubenverwaltung schon ihren Ingenieur entlassen und ihn durch einen weniger fähigen Mann ersetzt. Man war nämlich erstens der Meinung, daß das Gehalt des ersten Ingenieurs zu hoch war, und zweitens glaubte man, es sei ganz einfach, eine Grube zu betreiben. So sank schon in weniger als einem Jahr die Kohlenförderung in demselben Maße, in dem die Leitungsbefähigung abnahm, bis die Ausbeute schließlich gerade noch dazu ausreichte, die zwei Grubenpumpen zu befeuern. Mit den Wasserpumpen förderte man die Kohle, und mit der Kohle betrieb man die Pumpen — Produktion und Konsumption hielten sich bestens die Waage. Da die Grube keinen Profit abwarf, war natürlich auch die Schule überflüssig. Und trotzdem wurde sie aus irgendwelchen

*Kang Youwei (1858-1927), ein führender Kopf der bürgerlichen Reformisten, wurde später zu einem Erzroyalisten.

**Die Provinz Jiangnan wurde später in Jiangsu und Anhui geteilt.

Gründen dann doch nicht geschlossen. Als wir im dritten Schuljahr zur Besichtigung der Schächte in die Grube einfuhren, bot sich uns ein trostloses Bild. Die Pumpen arbeiteten zwar noch, aber in den Schächten stand das Wasser einen halben Fuß hoch und von den Decken tropfte das Wasser. Die wenigen Bergleute, die da unten schafften, sahen aus wie Gespenster.

Natürlich erwarteten wir alle ungeduldig den Abschluß des Studiums. Doch als der Zeitpunkt endlich kam, fühlten wir uns ziemlich verlassen. Wir waren ein paarmal den Flaggenmast hinaufgeklettert, aber das machte uns natürlich auch noch nicht halbwegs zu Matrosen. Wir hatten mehrere Jahre Vorlesungen gehört, waren mehrere Male unten in den Schächten gewesen — aber konnten wir deshalb Gold, Silber, Kupfer, Eisen oder Zinn schürfen? Wir hatten selbst kein Vertrauen in unsere Fähigkeiten, denn das war nicht so einfach wie einen Aufsatz über das Thema zu schreiben „Gute Arbeit erfordert gutes Werkzeug". Wir waren 60 Meter in den Himmel gestiegen und hatten uns 60 Meter tief in die Erde gebuddelt, doch das Ergebnis war, daß wir immer noch nichts konnten. Das Wissen „blieb unauffindbar, auch wenn man hoch oben den blauen Himmel und unten die gelben Quellen absuchte"*. Uns blieb nur ein Weg, wir mußten ins Ausland gehen.

Die Behörden hatten gegen ein Auslandsstudium nichts einzuwenden und genehmigten fünf Studenten einen Studienaufenthalt in Japan. Von diesen fünften blieb einer zu Hause, weil seine Großmutter derart in Tränen ausbrach, als habe ihr letztes Stündlein geschlagen. So waren wir also nur mehr zu viert. In Japan war alles anders als in China; wie sollten wir uns auf die Reise vorbereiten? Ein Mitschüler von uns, der ein Jahr früher die Schule abgeschlossen hatte, war in Japan gewesen; er müßte eigentlich die dortigen Bedingungen

---

*Aus „Lied ewiger Trauer" von dem Tang-Dichter Bai Juyi (772-846).

kennen. Als wir ihn aufsuchten und um Rat fragten, sagte er uns ganz ernstlich:

„Japanische Socken sind absolut unmöglich, nehmt euch deshalb jede Menge chinesische mit. Mit Banknoten habt ihr meiner Ansicht nach auch nur Ärger; am besten tauscht ihr euer ganzes Geld in ihre Silberyen."

Wir vier stimmten ihm in allem zu. Was die anderen machten, weiß ich nicht; ich jedenfalls tauschte mein ganzes Geld in Schanghai in japanische Silberyen um und nahm zehn Paar chinesische Socken mit, weiße Stoffsocken.

Und was kam danach? In Japan hatten wir Uniformen und Lederschuhe zu tragen, und diese chinesischen Stoffsocken erwiesen sich als völlig nutzlos. Und da sich die Ein-Yen-Münzen schon seit langem nicht mehr im Umlauf befanden, tauschte ich meine mit Verlust nochmals um, in Halb-Yen-Münzen und in Banknoten.

8. Oktober

Herr Fujino

Alles in allem gesehen, war Tokio nichts Besonderes. Wenn die Kirschbäume im Ueno-Park blühten, konnte man von weitem wirklich meinen, er sei in hellrosa Wolken getaucht. Unter der Blütenpracht aber stieß man überall auf Schnellkurse absolvierende „Gaststudenten aus dem Qing-Reich", die ihre langen Zöpfe oben auf dem Kopf zusammengerollt trugen, wodurch ihre Studentenmützen hoch über ihren Köpfen schwebten wie der Fuji-Yama. Andere hatten ihre Zöpfe aufgeflochten und das Haar lose um den Kopf drapiert. Hoben sie ihre Mützen, gleißte es darunter hervor wie die schimmernde Lockenfülle junger Damen; dazu warfen sie gerne den Kopf zurück. Wirklich ein bezaubernder Anblick.

Im Pförtnerhaus des chinesischen Studentenwohnheims lagen immer einige Bücher zum Verkauf aus. Es lohnte sich, von Zeit zu Zeit dorthin zu gehen. In den ausländisch eingerichteten Räumen ließ es sich über den Vormittag sehr gut sitzen und ausruhen. Gegen Abend erdröhnte der Boden eines der Räume allerdings unter einem ohrenbetäubenden staubaufwirbelnden Getrampel. Fragte man einen Eingeweihten nach der Ursache, war die Antwort: „Sie lernen Gesellschaftstanz."

War es da nicht besser, sich nach einem anderen Ort umzusehen?

So ging ich an die medizinische Akademie von Sendai. Kurz hinter Tokio kam eine Station namens Nippori. Erstaunlich, daß ich mich an diesen Namen selbst heute noch erinnere. Der nächste Halt, an den ich mich noch entsinnen kann, erfolgte in Mito, wo Zhu Shunshui*, der der Ming-

---

*Zhu Shunshui (1600-1682) war ein Gelehrter, der nach dem Sturz der Ming-Dynastie nach Japan übersiedelte, um von dort aus die Restauration der Ming zu betreiben. Er blieb in Japan als Lehrer.

Dynastie auch nach ihrem Sturz die Treue hielt, im Exil gestorben war. Sendai war ein kleiner Marktflecken, im Winter kalt und bis zu meiner Ankunft noch ohne chinesische Studenten.

Kein Zweifel, je seltener ein Ding, desto höher sein Wert, Beijinger Weißkohl wird von den Gemüsehändlern in Zhejiang mit roten Bändern an den Strünken aufgehängt und unter dem großartigen Namen „Shandong-Gemüse" verkauft. Die Aloe, die in Fujian wild wächst, kommt in Beijing unter dem reizvollen Namen „Drachenzungen-Orchidee" in die Treibhäuser. In Sendai erfuhr auch ich eine solche Vorzugsbehandlung. Die Schule verlangte von mir keine Hörengebühren, und verschiedene Mitglieder des Lehrerkollegiums waren sogar um meine Unterbringung bemüht. In der ersten Zeit logierte ich in einem Gasthof neben dem Gefängnis. Obwohl es in dem früh einsetzenden Winter schon sehr kalt geworden war, gab es noch eine ganze Menge Stechmücken. Ich lernte, mich vollständig in die Steppdecke einzurollen und mir zusätzlich Kleidungsstücke um den Kopf zu wickeln, so daß nur meine Nasenlöcher zum Atemholen frei blieben. Diese Partie wurde durch das kontinuierliche Atmen ständig so in Unruhe gehalten, daß den Mücken jede Möglichkeit zum Stechen verwehrt war und ich ruhig schlafen konnte. Das Essen war eigentlich auch nicht schlecht. Aber einer der Lehrer hielt den Gasthof einfach schon deshalb für unpassend für mich, weil er auch an die Sträflinge Essen lieferte, und bei jeder sich bietenden Gelegenheit versuchte er nachdrücklich, mich von seiner Ansicht zu überzeugen. Obwohl mir der innere Zusammenhang zwischen mir und dem Umstand, daß der Gasthof Sträflinge versorgte, verborgen blieb, konnte ich seine freundliche Besorgtheit nicht gut unbeachtet lassen und mußte mich nach einer angemesseneren Bleibe umsehen. Ich übersiedelte also in ein Haus, das weit vom Gefängnis entfernt lag, wo mir aber dafür jeden Tag Taroknollen-Suppe vorgesetzt wurde, die zu essen mich jedesmal einige Überwindung kostete.

In der Folge lernte ich viele neue Lehrer kennen und hörte viele neue Vorlesungen. Anatomie lehrten zwei Professoren. Zuerst wurde die Osteologie behandelt. Hereintrat der Lehrer, eine dunkle, magere Erscheinung mit Schnurrbart und Brille und einem Stapel Bücher, kleine wie große, unter seinem Arm. Er baute die Bücher auf seinem Tisch auf und stellte sich dann in gemessenen Worten der Klasse vor:

„Mein Name ist Fujino Genkuro…"

Hinten fingen einige Studenten an zu lachen. Ohne sich stören zu lassen, begann er seine Vorlesung mit einem Überblick über die geschichtliche Entwicklung der Osteulogie in Japan. Die Bücher, die er mitgebracht hatte, waren Werke, die seit frühesten Zeiten bis heute über dieses Thema veröffentlicht worden waren. Er stellte zunächst einige auf die alte Weise gebundene Bücher vor und dann in Japan nachgedruckte chinesische Übersetzungen. Japan hatte demnach mit dem Übersetzen und dem Studium der modernen medizinischen Wissenschaft nicht früher begonnen als China.

Die Lacher in den hinteren Reihen waren Studenten, die in der Prüfung durchgefallen waren und deshalb die Klasse wiederholen mußten. Nach einem Jahr Aufenthalt an der Schule kannten sie eine Unmenge Anekdoten und wußten den Neuankömmling mit der Geschichte eines jeden Professors zu unterhalten. Von Herrn Fujino sagten sie, er kleide sich so nachlässig, daß er manchmal sogar vergäße, sich eine Krawatte umzubinden. Den ganzen Winter über zittere er vor Kälte in einem alten, abgetragenen Mantel, und einmal, in einem Zug, habe ihn der Schaffner für einen Taschendieb gehalten und die anderen Fahrgäste vor ihm gewarnt.

An ihren Erzählungen mag etwas Richtiges gewesen sein: Ich selbst habe einmal erlebt, daß er ohne Krawatte in der Klasse erschien.

Eine Woche später, es war ein Samstag, glaube ich,

bestellte er mich durch seinen Assitenten zu sich. Ich fand ihn in seinem Laboratorium, vergraben zwischen Skeletten und einzelnen Schädeln — er war damals gerade mit einer Untersuchung über die Anatomie des Schädels beschäftigt und veröffentlichte später eine Monographie über dieses Thema in der hochschuleigenen Zeitschrift.

„Schaffen Sie es, sich Notizen von meinen Vorlesungen zu machen?“ fragte er.

„So einigermaßen.“

„Kann ich Ihre Aufzeichnungen einmal sehen?“

Ich brachte ihm meine Notizen. Er behielt sie und händigte sie mir nach ein oder zwei Tagen wieder aus mit der Weisung, sie ihm künftig wöchentlich einmal vorzulegen. Als ich die zurückerhaltenen Notizen durchsah, überkam mich maßloses Staunen, und ein Gefühl der Verlegenheit und Dankbarkeit zugleich erfaßte mich. Er hatte meine Aufzeichnungen von Anfang bis Ende mit roter Tinte ergänzt und korrigiert. Dabei hatte er nicht nur einen großen Teil dessen, was mir entgangen war, hinzugefügt, sondern auch jeden einzelnen grammatischen Fehler verbessert. Und diese Methode behielt er bei, bis alle ihm obliegenden Kurse — Osteologie, Angiologie und Neurologie — abgeschlossen waren.

Leider betrieb ich meine Studien keineswegs mit übertriebenem Eifer und verhielt mich manchmal dazu auch noch recht eigensinnig. Ich erinnere mich, daß Herr Fujino mich einmal in sein Laboratorium rufen ließ und mir eine Zeichnung aus meinen Notizen über die Blutgefäße des Unterarms vorhielt.

„Sehen Sie“, sagte er freundlich und wies mit dem Finger auf das Blatt, „Sie haben die Lage dieses Blutgefäßes nicht ganz richtig dargestellt. Ohne Zweifel sieht es so besser aus, aber eine anatomische Darstellung ist kein Kunstwerk, und Tatsachen lassen sich nicht ändern. Ich habe Ihnen den Fehler korrigiert. In Zukunft müssen Sie genauer von der Tafel abzeichnen.“

Ich war jedoch ein Dickschädel, und während ich ihm recht gab, dachte ich im stillen: ‚So schlecht war meine Zeichnung ja nun nicht, und die tatsächliche Lage kann ich mir auch so merken.‘

Den Sommer nach der Jahresprüfung verbrachte ich, um mich zu zerstreuen, in Tokio. Als ich im Frühherbst an die Hochschule zurückkehrte, waren die Prüfungsergebnisse schon lange vor meiner Ankunft bekanntgegeben worden. Auf einer Liste mit hundert Namen fand ich den meinen erst etwa in der Mitte, aber ich war nicht durchgefallen. In diesem Semester las Herr Fujino angewandte und topographische Anatomie.

Nach etwa einer Woche angewandter Anatomie ließ er mich wieder einmal kommen. Er blickte sehr zufrieden und sagte in dem ihm eigenen, gemessenen Tonfall:

„Nach allem, was ich von der Ehrfurcht der Chinesen vor Geistern gehört habe, hatte ich schon befürchtet, Sie würden das Sezieren ablehnen. Ich bin sehr erleichtert, daß dies nicht der Fall ist.“

Herr Fujino brachte es aber auch fertig — wenn auch ungewollt — mich in ziemliche Verlegenheit zu setzen. Er hatte von den gebundenen Füßen der Chinesinnen gehört, ohne Näheres darüber erfahren zu können, und wollte nun von mir wissen, wie das Binden vor sich gehe und wie die Fußknochen dabei deformiert würden. „Ich müßte einen solchen Fuß mit eigenen Augen sehen, um mir ein genaues Bild machen zu können“, meinte er mit einem Seufzen. „Wie könnte so etwas bloß aussehen?“

Eines Tages kamen die Studentenvertreter meines Semesters zu mir nach Hause und baten mich, ihnen meine Vorlesungsnotizen auszuleihen. Ich holte sie und überreichte sie ihnen, aber sie sahen die Aufzeichnungen nur durch, ohne sie mitzunehmen. Sie waren noch nicht lange fort, als der Briefträger erschien und mir einen großformatigen Brief aushändigte. Als ich ihn öffnete, fiel mein Blick auf die erste

Zeile:

„Gehe in dich!“

Das war wahrscheinlich ein Zitat aus dem Neuen Testament, aber vor kurzem hatte diese Wendung Tolstoi gebraucht. Damals, zur Zeit des russisch-japanischen Krieges hatte Graf Tolstoi sowohl an den russischen Zaren als auch an den japanischen Mikado geschrieben und diese Worte an den Anfang seines Briefes gestellt. Die japanische Presse hatte ihm entrüstet Anmaßung vorgeworfen, und die patriotische Jugend hatte sich ebenfalls höchst aufgebracht geäußert, obwohl sie, ohne sich dessen bewußt zu sein, unter seinem Einfluß stand. Der Brief an mich lief darauf hinaus, Herr Fujino habe die Fragen in der Anatomie-Prüfung des vergangenen Jahres in meinen Vorlesungsnotizen vermerkt und ich hätte nur deshalb bestanden, weil mir die Fragen schon vorher bekannt gewesen seien. Der Brief trug keine Unterschrift.

Nun fiel mir wieder ein Vorfall ein, der nur einige Tage zurücklag. Wegen einer vorgesehenen Versammlung unseres ganzen Semesters hatte die Studentenvertretung eine diesbezügliche Ankündigung am schwarzen Brett ausgehängt, die mit den Worten endete: „Kommt bitte vollzählig und laßt keine undichten Stellen entstehen!“ Die Zeichen „Undichte Stellen“ waren unterstrichen. Ich hatte damals diese Hervorhebung zwar komisch gefunden, mir aber weiter keine Gedanken gemacht; jetzt wurde mir plötzlich klar, daß auch dies gegen mich gerichtet gewesen war: Es war eine Anspielung auf die Unterstellung, ich sei durch eine undichte Stelle seitens unseres Professors in den Besitz der Fragen gelangt.

Ich sprach mich darüber mit Herrn Fujino aus. Einige Mitstudenten, die mich gut kannten, waren gleichfalls empört, und wir erhoben gemeinsam bei der Studentenvertretung Einspruch gegen die üble Methode, unter einem Vorwand meine persönlichen Aufzeichnungen zu kontrollieren, und verlangten, daß der Vorfall untersucht und das Ergebnis der Untersuchung öffentlich bekanntgegeben würde. Das Ende war, daß die Redereien aufhörten und die Studentenvertretung alles daran setzte, den anonymen Brief zurückzuerhalten. Schließlich händigte ich ihnen ihr tolstoianisches Sendschreiben aus.

China ist ein schwaches Land, folglich müssen die Chinesen ein minderwertiges Volk sein. Wenn ein Chinese es auf über sechzig Punkte brachte, konnte das unmöglich ein Resultat seiner eigenen Leistung sein. Kein Wunder also, daß man mich verdächtigte. Bald darauf sollte es mein Schicksal werden, bei der Exekution einiger Chinesen zuzuschauen. Wir bekamen im zweiten Jahr ein neues Fach: Bakteriologie. Sämtliche Bakterienarten wurden vorgeführt, und wenn wir mit einer Gruppe vor Ende der Vorlesungsstunde durch waren, wurden einige Aufnahmen von Tagesereignissen gezeigt. Es war selbstverständlich in der damaligen Situation, daß sie allesamt von japanischen Siegen über die Russen handelten. Aber es gab auch Szenen darunter mit Chinesen, die für die russische Seite Spionage betrieben hatten; sie waren von den Japanern gefangengenommen worden und wurden erschossen, während andere Chinesen dabei zusahen. Und da war nun auch ich, im Lehrsaal.

„Banzai — Hurra!" brüllten die Studenten und klatschten in die Hände.

Sie bejubelten alles, was wir zu sehen bekamen; mir aber klang der Jubel an diesem Tag besonders schrill in den Ohren. Später, als ich wieder in China war, sah ich Müßiggänger, die der Erschließung von Verbrechern zusahen und dabei wie Betrunkene johlten. — Dagegen gibt es wohl kein Mittel. Zu jener Zeit und an jenem Ort aber änderte dies meine Auffassungen.

Am Ende des zweiten Studienjahres suchte ich Herrn Fujino auf und sagte ihm, daß ich mein Medizinstudium aufgeben und Sendai verlassen würde. Ein Schatten fiel über sein Gesicht, er schien etwas sagen zu wollen, unterließ es dann aber.

„Ich möchte Biologie studieren. Was Sie mich gelehrt haben, Herr Professor, wird mir also sehr von Nutzen sein." In Wirklichkeit hatte ich nicht die geringste Absicht, Biologie zu studieren; aber er sah so bekümmert drein, daß ich nach dieser Lüge griff, um ihn zu trösten.

„Ich fürchte, Fächer wie Anatomie für Medizinstudenten werden Ihnen beim Biologiestudium nicht viel nützen", sagte er mit einem Seufzen.

Ein paar Tage vor meiner Abreise bestellte er mich in sein Haus, gab mir ein Foto von sich, auf dessen Rückseite er „Ich bedauere Ihr Scheiden" geschrieben hatte, und sagte, er hoffe, ich gäbe ihm eines von mir. Da ich damals kein Foto von mir besaß, bat er mich, ihm eines nachzuschicken, sobald ich welche hätte machen lassen, und ihm regelmäßig zu berichten, wie es mir ginge.

Mehrere Jahre nach meinem Fortgang aus Sendai hatte ich immer noch kein Foto von mir machen lassen, und da es nichts Erfreuliches aus meinem Leben zu berichten gab und eine Schilderung meines Lebenswandels ihn nur enttäuscht haben würde, wagte ich nicht einmal, ihm zu schreiben. Im Lauf der Monate und Jahre häufte sich dann so viel zum Berichten an, daß ich nicht wußte, wo beginnen. Ich faßte zwar immer wieder den Vorsatz, ihm zu schreiben, fand aber keinen Anfang. So kam es, daß er keinen einzigen Brief und auch kein Foto von mir erhielt. Er muß glauben, mich habe der Erdboden verschluckt.

Aber irgendwie erinnere ich mich noch heute von Zeit zu Zeit an ihn, denn von all denen, die ich als meine Lehrer ansehe, ist er derjenige, der mich am meisten ermutigte und dem ich mich am meisten zu Dank verpflichtet fühle. Oft denke ich, daß das große Vertrauen, das er in mich setzte, und die unermüdliche Bereitschaft, mir zu helfen, im engeren Sinne China galten, denn er wollte, daß China an der modernen medizinischen Wissenschaft teilhabe; aber in einem weiteren Sinne galten seine Bemühungen um mich wohl der Wissenschaft allgemein, denn er wollte, daß sich die moderne medizinische Wissenschaft auch in China verbreite. In meinen Augen ist er ein großer Mann, das fühle ich in meinem Herzen, auch wenn sein Name nicht allzu vielen Menschen bekannt ist.

Ich habe die von ihm korrigierten Vorlesungsnotizen zu drei dicken Büchern binden lassen und sie als eine bleibende Erinnerung aufbewahrt. Leider zerbrach vor sieben Jahren bei einem Umzug unterwegs eine Bücherkiste und die Hälfte ihres Inhalts, darunter auch diese drei Bände, ging verloren. Ich ließ die Speditionsfirma danach fahnden, doch ohne Ergebnis. Nur sein Foto ist mir noch geblieben. Es hängt an der Ostwand meiner Beijinger Wohnung, über dem Schreibtisch. Wenn ich abends abgespannt bin und es mir bequem machen möchte, und mein Blick fällt auf sein hageres, dunkles Gesicht im Lampenschein, das so wirkt, als wolle er gleich in gemessenen Worten zu sprechen anfangen. Meine bessere Natur setzt sich durch, und ich spüre frischen Mut. Dann zünde ich mir eine Zigarette an und schreibe einen weiteren dieser Artikel, die von allen „rechtschaffenen Ehrenmännern" so gehaßt und verabscheut werden.

12. Oktober

Fan Ainong

In unserem Studentenheim in Tokio pflegten wir uns nach dem Aufstehen als erstes in die Morgenzeitungen zu vertiefen. Die meisten lasen die „Asahi Shimbun" oder die „Yomiuri Shimbun", während Leute mit einer Leidenschaft für Klatschspalten die „Niroku Shimbun" bevorzugten. Eines Morgens fiel unser erster Blick auf eine Kabelmeldung, die ungefähr folgenden Wortlaut hatte:

„En Ming, der Gouverneur von Anhui, fiel einem Mordanschlag zum Opfer. Der Mörder, Jo Shiki Rin, wurde verhaftet."

Nachdem der erste Schock überwunden war, wurde es plötzlich lebendig, und eine lange Debatte begann. Wer mochte der Attentäter gewesen sein und welche chinesischen Schriftzeichen verbargen sich wohl hinter dem Namen Jo Shiki Rin. Doch wer aus Shaoxing stammte und nur etwas mehr laß als Schulbücher, war sofort im Bilde. Es konnte sich nur um Xu Xilin* handeln, der nach Beendigung seines Studiums nach China zurückgekehrt war und in Anhui als Kandidat in der Bezirksverwaltung die Polizeibehörde geleitet hatte — sicherlich keine ungünstige Stelle, um einen Gouverneur zu ermorden.

Jedermann prophezeite, daß gegen ihn die Höchststrafe verhängt und daß auch seine ganze Sippe mit in den Fall hineingezogen würde. Bald darauf erreichte uns die Nachricht, daß die junge Qiu Jin** in Shaoxing hingerichtet worden war

---

*Xu Xilin (1873-1907), gebürtig aus Shaoxing, studierte in Japan und betätigte sich dort revolutionär. 1906 kehrte er nach China zurück und plante zusammen mit Qiu Jin einen Aufstand in Anhui und Zhejiang. Im Sommer 1907 ermordete er den Gouverneur von Anhui, En Ming, und besetzte daraufhin mit ein paar Studenten das Munitionsdepot; doch der Aufstand wurde niedergeschlagen und Xu Xilin getötet.

**Auch Qiu Jin (1875-1907) stammte aus Shaoxing und studierte in Japan. Bald nach Xu Xilin wurde auch sie verhaftet.

und daß die Leibwache En Mings das Herz Xu Xilins herausgeschnitten, es gebraten und gegessen hatte. Wir gerieten darüber in höchste Erregung, und einige trafen sich zu einer geheimen Versammlung, um Überfahrsgeld nach China zu beschaffen. Denn dies war ein Fall, wo ein japanischer „ronin"* gute Arbeit leisten konnte. Wenn so ein „ronin" nämlich einen Tintenfisch verschlungen und mit Wein gut nachgespült hatte, war er in der richtigen Stimmung, um sich zur Rettung von Xus Familie aufzumachen.

Wie üblich, veranstalteten wir auch ein Treffen unserer Provinzlandsmannschaft, auf dem wir der revolutionären Märtyrer gedachten und die Mandschu-Regierung verurteilten. Dann schlug jemand vor, ein Telegramm nach Beijing zu schicken, um gegen die Unmenschlichkeit der Mandschu-Regierung zu protestieren. Sofort spaltete sich die Versammlung in zwei Lager; die einen waren für die Abschickung des Telegramms, die anderen dagegen. Ich war dafür, doch sobald ich meine Meinung geäußert hatte, ließ sich eine tiefe, mürrische Stimme vernehmen:

„Die Ermordeten sind ermordet, die Toten sind tot — wozu noch dieses Furztelegramm?"

Der Sprecher war ein großer, breitschultriger Bursche mit langem Haar und Augen, in denen mehr Weiß als Schwarz zu sehen war; man hatte den Eindruck, als blicke er stets mit Verachtung auf andere Leute herab. Auf der Matte kauernd, widersprach er fast allem, was ich sagte. Von Anfang an durch sein Verhalten befremdet, hatte ich ihn im Auge behalten. Seine letzte Bemerkung jedoch veranlaßte mich dazu, mich bei anderen zu erkundigen:

„Wer war der letzte Sprecher, wer ist so kalt?"

Jemand, der ihn kannte, sagte: „Das ist Fan Ainong, einer von Xu Xilins Studenten."

---

*Aus dem Dienst geschiedener Samurai der japanischen Feudalzeit. Meist verarmt, schlossen sie sich zu Banden zusammen und beteiligten sich an vielen Aufständen.

Unglaublich — dieser Kerl war einfach kein Mensch! Man hatte seinen Lehrer umgebracht, und er brachte nicht einmal Mut genug auf, ein Telegramm loszuschicken. Nun bestand ich erst recht auf dem Telegramm und ließ mich auf ein neues Wortgefecht mit ihm ein. Das Ergebnis war, daß sich die Mehrheit für das Abschicken eines Telegramms aussprach und er nachgeben mußte. Als nächstes mußte darüber abgestimmt werden, wer den Text aufsetzen sollte.

„Wozu die Abstimmerei?" warf er ein. „Wer das Telegramm vorgeschlagen hat, muß es natürlich auch abfassen."

Auch diese Bemerkung war offensichtlich wieder auf mich gemünzt, obwohl sich seinem Einwand eine gewisse Berechtigung nicht abstreiten ließ. Ich erklärte jedoch, es sei unumgänglich, ein Schreiben aus solch tragischem Anlaß jemandem anzuvertrauen, der den Märtyrer zu Lebzeiten wirklich gut gekannt habe, denn die Tatsache, daß er sich ihm stärker verbunden fühle, daß ihn dessen Tod stärker empöre und er mehr darunter leider als andere Menschen, versetze ihn in die Lage, besonders eindringlich zu schreiben. Dies hatte einen weiteren Wortwechsel mit ihm zur Folge. Die Auseinandersetzung endete damit, daß weder er noch ich das Telegramm aufsetzte. Ich habe vergessen, wer sich schließlich dazu bereit fand. Zuletzt gingen alle auseinander, bis auf einen, der das Telegramm aufsetzte und zwei weitere, die es abschicken sollten, sobald es geschrieben wäre.

Fortan war dieser Fan Ainong für mich ein entarteter und höchst verabscheuenswerter Mensch. Ich hatte immer geglaubt, daß die Mandschu die abscheulichsten Menschen auf der Welt wären — jetzt wurde mir klar, daß sie erst an zweiter Stelle kamen, daß der Hauptübeltäter Fan Ainong hieß. Solange es in China keine Revolution gab, brauchte man darüber weiter kein Wort zu verlieren; fand aber eine Revolution statt, mußte die erste Tat die Ausrottung Fan Ainongs sein.

Meine Auffassung hat sich wohl im Laufe der Zeit gemildert, bis ich schließlich gar nicht mehr daran dachte. Danach sahen wir uns nicht mehr. Unsere Wege kreuzten sich erst ein Jahr vor Ausbruch der Revolution wieder, als ich in meiner Heimatstadt als Lehrer tätig war. Dort begegnete ich — gegen Frühlingsende, glaube ich — eines Tages im Haus eines Freundes einem Mann, dessen Gesicht mir sehr vertraut vorkam. Wir starrten uns zwei oder drei Sekunden lang an, um dann gleichzeitig auszurufen:

„Du bist doch Fan Ainong!"

„Du bist doch Lu Xun!"

Ich weiß nicht warum, aber wir brachen beide darüber in Lachen aus, lachten über uns und gedachten voller Bedauern der vergangenen Tage. Seine Augen waren immer noch dieselben; nur eines war erstaunlich: obwohl nur einige Jahre vergangen waren, hatte er bereits ein paar weiße Haare. Vielleicht hatte er die weißen Haare auch schon immer gehabt, und mir waren sie früher nur nicht aufgefallen. Er trug eine uralte Baumwolljacke und abgetragene Stoffschuhe und machte einen fürchterlich heruntergekommenen Eindruck. Er erzählte mir, er habe sein Studium aus Geldmangel abbrechen und nach Hause zurückkehren müssen. Nach seiner Rückkehr war man ihm überall mit Verachtung, Ablehnung und Verfolgung begegnet — buchstäblich an keiner Stelle wollte man ihn haben. Nun hatte er auf dem Lande Zuflucht gesucht und verdiente sich einen kärglichen Lebensunterhalt mit Unterrichtsstunden für ein paar Schulkinder. Manchmal fühle er sich so niedergeschlagen, daß er ein Boot nehme und in die Stadt fahre.

Er erzählte mir auch, daß er inzwischen gerne gelegentlich einen Becher trinke, und so tranken wir zusammen. Von da an besuchte er mich jedes Mal, wenn er in die Stadt kam, und wir lernten uns mit der Zeit recht gut kennen. Über unseren Bechern redeten wir oft derart ungereimtes Zeug, daß selbst meine Mutter lachen mußte, wenn sie uns gelegentlich zuhörte. Eines Tages fiel mir plötzlich jenes Treffen unserer

Landsmannschaft in Tokio wieder ein.

„Warum hast du mir an dem Tag eigentlich wie mit vollster Absicht immerfort widersprochen?" fragte ich ihn.

„Weißt du das nicht? Ich konnte dich nicht leiden — nicht nur ich, wir alle."

„Wußtest du denn damals, wer ich war?"

„Wie sollte ich das nicht wissen! Warst du nicht mit Ziying gekommen, um uns zu begrüßen, als wir in Yokohama eintrafen? Kaum hattest du uns gesehen, als du schon voller Verachtung den Kopf über uns schütteltest. Erinnerst du dich?"

Ich mußte einen Moment nachdenken — dann fiel mir der Vorfall tatsächlich wieder ein, obwohl er schon sieben oder acht Jahre zurücklag. Ziying war zu mir gekommen, um mir zu sagen, daß wir einige Provinzlandsleute, die zum Studium nach Japan kämen, bei ihrer Ankunft in Yokohama begrüßen müßten. Als der Dampfer anlegte, wurde ich sofort einer großen Gruppe von vielleicht mehr als einem Dutzend von ihnen gewahr. Sie gingen an Land und begaben sich mit ihrem Gepäck zur Zollabfertigung. Während der Gepäckdurchsicht entdeckte der Zollbeamte plötzlich ein Paar bestickte Schuhe für gebundene Füße. Er unterbrach seine amtliche Tätigkeit und nahm die Schuhe neugierig in die Hand, um sie eingehend zu betrachten. ‚Was für Narren müssen das sein', dachte ich verärgert, ‚solche Sachen mitzubringen.' Ohne mir dessen bewußt zu sein, habe ich wahrscheinlich mißbilligend den Kopf geschüttelt. Nach Beendigung der Zollkontrolle saßen wir noch für kurze Zeit in einem Hotel und bestiegen dann den Zug. Zu meinem Erstaunen begannen diese Studenten in den Eisenbahnabteilen mit einem langwierigen Platzverteilungsritual. A bat B, sich auf einen bestimmten Platz zu setzen, B wiederum bestand darauf, ihn an C abzutreten; und bevor die Sitzverteilung noch beendet war, setzte sich der Zug mit einem Ruck in Bewegung, so daß prompt drei oder vier von ihnen übereinander purzelten.

Wieder war ich verärgert und dachte bei mir: ‚Selbst in der Eisenbahn müssen sie die Sitzplätze der Rangordnung entsprechend verteilen …‘ Ohne mir dessen bewußt zu sein, habe ich wahrscheinlich ein weiteres Mal mißbilligend den Kopf geschüttelt. Einer aus dieser ehrenwerten, auf die Wahrung der Form versessenen Gruppe — das war mir jetzt klar — war Fan Ainong. Und außer ihm — ich schäme mich, es einzugestehen — die Helden Chen Boping, der im Kampf in Anhui fiel, und Ma Zonghan, der ermordet wurde*. Zu der Gruppe gehörten auch noch einer oder zwei, die in finstere Verließe geworfen wurden und das Tageslicht erst nach der Revolution wieder erblickten und noch heute die Narben der Folter tragen. Aber ich kannte ja keinen von ihnen! Kopfschüttelnd geleitete ich sie samt und sonders nach Tokio. Xu Xilin war zwar mit demselben Boot gekommen, befand sich aber nicht in diesem Zug, denn er war, zusammen mit seiner Frau, schon in Kobe an Land gegangen, um von dort aus die Reise auf dem Landweg fortzusetzen.

Ich erinnerte mich also an ein zweimaliges Kopfschütteln, wußte aber nicht, welches davon beobachtet worden war. Da während des gegenseitigen Platzanbietens laute Unruhe, während der Gepäckkontrolle dagegen Stille geherrscht hatte, mußte es bei der Zollabfertigung gewesen sein. Als ich Ainong danach fragte, stellte sich diese Vermutung als richtig heraus.

„Ich begreife nur nicht, warum ihr solches Zeug mitgebracht habt. Wem gehörten die Schuhe eigentlich?“

„Frau Xu natürlich.“ Er fixierte mich mit seinen Augen, in denen fast nur das Weiße sichtbar war.

„In Tokio hätte sie doch vorgeben müssen, große Füße zu haben. Wozu dann diese Schühchen?“

---

*Chen Boping (1882-1907) und Ma Zonghan (1884-1907) studierten beide in Japan und schlossen sich nach ihrer Rückkehr nach China dem von Xu Xilin organisierten Aufstand an.

„Wie soll ich das wissen? Frag sie selbst!"

Als der Winter kam, verschlechterte sich unsere finanzielle Lage; aber wir setzten unsere Zechereien fort und trieben weiter unsere Scherze. Dann ereignete sich plötzlich der Aufstand von Wuchang* und damit kam die „glorreiche Renaissance"** auch für Shaoxing. Am nächsten Tag kam Ainong in die Stadt mit einer Filzmütze auf dem Kopf, wie sie die Bauern tragen. Niemals hatte ich ihn mit einem solch strahlenden Gesicht gesehen.

„Heute wollen wir nicht trinken, Xun! Ich will mir das befreite Shaoxing ansehen. Komm mit!"

Wir gingen also durch die Straßen, in denen überall weiße Fahnen zu sehen waren. Doch obwohl sich das äußere Bild gewandelt hatte, war unter der Oberfläche alles beim alten geblieben, denn das, was wir jetzt hatten, war eine Militärregierung in der Hand von ein paar Großgrundbesitzern alten Schlages. Zum Chef der Verwaltung hatte man den Hauptaktionär der Eisenbahngesellschaft, zum Leiter der Rüstkammer den Geldverleiher ernannt ... Diese Militärregierung war nicht von langer Dauer. Ein paar Jugendliche machten Rabatz, worauf Wang Jinfa*** mit seinen Truppen aus Hangzhou anrückte. Wahrscheinlich wäre er auch ohne Rabatz eingerückt. Bei seiner Ankunft umringten ihn eine Menge aus Müßiggängern und neuen Mitgliedern der Revolutionspartei, und er begann sogleich mit höchster Macht als Militärgouverneur Wang zu regieren. Nach kaum zehn Tagen trugen die meisten seiner Leute im Yamen, die in

---

*Dieser Aufstand vom 10. Oktober 1911 war der Beginn der Revolution von 1911.

**Gemeint ist die Wiederherstellung der nationalen Würde durch den Sturz der Qing-Fremdherrschaft in der Revolution von 1911.

***Führer einer Geheimgesellschaft in Zhejiang, der sich der revolutionären Guang Fu Hui anschloß. Während der Revolution von 1911 führte er seine Leute nach Shaoxing und machte sich selbst zum Militärgouverneur.

Baumwollkleidern gekommen waren, pelzgefütterte Gewänder, obwohl es noch keineswegs kalt war.

Meine neue Reisschale war die Stelle des Leiters des Lehrerseminars, und Gouverneur Wang stellte mir zweihundert Yuan für Auslagen für den Schulbetrieb zur Verfügung. Ainong wurde Schulinspektor. Er trug weiterhin seine Baumwolljacke, trank aber nur noch mäßig und hatte selten Zeit für einen Schwatz. Zusätzlich zu seiner Verwaltungstätigkeit gab er auch noch Unterricht; er war wirklich voll eingespannt.

„Wang Jinfa und sein Klüngel taugen auch nicht viel ...", erklärte mir entschieden ein junger Besucher, der im Jahr zuvor an meinen Kursen teilgenommen hatte. „Wir wollen eine Zeitung herausgeben, um sie unter Kontrolle zu halten. Aber wir brauchen Ihren Namen als Mitherausgeber. Des weiteren haben sich Herr Chen Ziying und Herr Sun Duoqing* zur Verfügung gestellt. Sie werden unsere Bitte sicher nicht abschlagen, da es doch um das Wohl der Allgemeinheit geht."

Ich willigte ein. Zwei Tage später bekam ich ein Flugblatt in die Hand, in dem das Erscheinen der Zeitung angekündigt wurde. Tatsächlich waren drei Herausgeber genannt. Fünf Tage später erschien die Zeitung. Sie beschimpfte schon in ihrer ersten Nummer die Militärregierung und ihre Mitglieder, zog dann über den Gouverneur her und seine Verwandten, Provinzlandsleute und Konkubinen ...

Nach mehr als zehn Tagen solcher Schmähungen, kam mir die Nachricht ins Haus, der Gouverneur würde uns einen Mann schicken, um uns niederzuschießen, weil wir ihm Geld abgegaunert und ihn beleidigt hätten.

Niemand von uns nahm die Drohung ernst. Nur meine Mutter geriet in große Unruhe und beschwor mich, nicht aus

---

*Ein aufgeklärter Grundbesitzer, der sich der gegen die Qing-Regierung gerichteten revolutionären Bewegung anschloß.

dem Haus zu gehen. Ich ging jedoch wie gewöhnlich aus und beruhigte sie, Wang Jinfa würde bestimmt nicht kommen, um uns zu erschießen; er kam zwar aus der Schule der Banditen, war aber nicht dafür bekannt, leichtfertig Menschen zu töten. Außerdem war das Geld, das ich von ihm bekommen hatte, ja für den Schulbetrieb bestimmt — eine Tatsache, die ihm nicht ganz unbekannt sein konnte. Kurzum, das waren alles nur Worte.

Es kam natürlich auch niemand, um uns zu erschießen. Ich beantragte schriftlich eine weitere Geldzuwendung und erhielt ein zweites Mal zweihundert Yuan. Allerdings schien der Gouverneur ziemlich wütend zu sein, denn er ließ mir ausrichten, das sei das letzte Geld gewesen.

Aber Ainong war eine andere Version dieser Geschichte zugetragen worden, die mich ziemlich aufbrachte. Danach hatte sich die Anspielung auf das „abgegaunerte Geld" nicht auf das Betriebskapital für die Schule bezogen, sondern auf einen anderen Betrag, den das Büro der Zeitung erhalten hatte. Nachdem die Zeitung tagelang Schmähartikel über Schmähartikel gebracht hatte, schickte Wang Jinfa einen Mann und bot ihnen fünfhundert Yuan an. Die jungen Freunde beratschlagten.

Die erste Frage war: „Annehmen oder nicht?"

Beschluß: „Annehmen!"

Die zweite Frage war: „Sollen wir die Angriffe gegen ihn fortsetzen, nachdem wir das Geld angenommen haben?"

Beschluß: „Ja!"

Begründung: „Dadurch, daß wir sein Geld angenommen haben, ist er Aktionär der Zeitung geworden; und wenn sich ein Aktionär Verfehlungen zuschulden kommen läßt, müssen wir ihn natürlich anprangern."

Ich begab mich umgehend zum Büro der Zeitung, um herauszufinden, ob die Geschichte stimmte oder nicht. Sie stimmte tatsächlich. Ich machte ihnen behutsam Vorhaltungen, daß sie das Geld nicht hätten annehmen dürfen, aber einer, der sich als Rechnungsführer vorstellte, war gekränkt.

„Warum soll eine Zeitung keine Einlagen annehmen?“ wollte er wissen.

„Hier handelt es sich nicht um eine Einlage …“

„Wenn es keine Einlage ist, was ist es dann?“

Ich sagte nichts mehr. In solchen Dingen hatte ich schon genug Erfahrungen gesammelt. Hätte ich ihm klarmachen sollen, daß er uns damit einen Strick gedreht hatte? Er hätte mir vorgehalten, daß ich aus Angst um mein bißchen Leben zu feige sei, mich für die Allgemeinheit zu opfern. Vielleicht wäre auch am nächsten Tag ein Bericht in der Zeitung erscheinen, wie ich vor Todesangst gezittert hätte.

Aber dann wollte es ein glücklicher Zufall, daß ich einen Brief von Xu Jifu erhielt, in dem er mich drängte, schnellstens nach Nanjing zu gehen. Auch Ainong meinte, das sei das beste, obwohl er dabei sehr niedergeschlagen wirkte.

„Die Lage hat sich wieder einmal so zugespitzt“, sagte er. „Du solltest auf der Stelle gehen…“

Ich verstand, was er ungesagt gelassen hatte, und beschloß, nach Nanjing zu gehen. Als erstes reichte ich im Yamen mein Rücktrittsgesuch ein, dem natürlich ohne viel Umstände entsprochen wurde; dann erschien ein ständig die Nase Hochziehender Amtmann, um das Schulinventar zu übernehmen. Mit der Übergabe der Rechnungsbücher und eines Restbestandes von zehn Fen und zwei Kupfermünzen endete meine Tätigkeit als Schulleiter. Mein Nachfolger wurde Fu Lichen, der Vorsitzende der Konfuzianischen Gesellschaft.

Ich war bereits zwei oder drei Wochen in Nanjing, als ich vom Ausgang der Zeitungsaffäre hörte: Das Büro war von einer Horde Soldaten verwüstet worden. Chen Ziying lebte auf dem land und war daher unbehelligt geblieben; Sun Duoqing dagegen hatte sich zufällig in der Stadt aufgehalten und einen Bajonettstich in den Oberschenkel erhalten. Er hatte einen Wutanfall bekommen, was man ihm nicht verargen konnte, denn es war ziemlich schmerzhaft. Nachdem er sich wieder beruhigt hatte, ließ er sich zwecks Demonstration seiner etwa drei Zentimeter langen Wunde ohne Kleider fotografieren. Außerdem schrieb er einen Bericht über den ganzen Hergang, den er überall verbreiten ließ, um die Willkür der Militärregierung anzuprangern. Ich bezweifle, ob sich irgendjemand das Foto aufbewahrt hat. Es war so klein, daß die Wunde kaum erkennbar war. Wer es ohne Erklärung zu sehen bekam, mußte es für ein Nudistenfoto halten und den Abgebildeten für einen exzentrischen Spinner. Und erhielte gar der Militärmachthaber General Sun Chuanfang* davon Kenntnis, würde er es fraglos sofort einziehen lassen.

Zu der Zeit, als ich von Nanjing nach Beijing übersiedelte, hatte es der neue Schulleiter, der Vorsitzende der Konfuzianischen Gesellschaft, geschafft, Ainong von seiner Stelle als Schulinspektor zu verdrängen. Wieder einmal war er der Ainong der vorrevolutionären Zeit. Ich bemühte mich, eine kleine Stelle für ihn in Beijing zu finden — genau danach suchte er nämlich —, aber es war nichts zu machen. Er kam dann bei einem Freund unter, und ich erhielt ziemlich oft Briefe von ihm. Er verarmte zusehends und verbitterte immer mehr. Schließlich war er gezwungen, das Haus seines Freundes zu verlassen und ruhelos von einem Ort zum anderen zu ziehen. Bald danach hörte ich von einem Provinzlandsmann, er sei in einen Fluß gefallen und ertrunken.

Ich dachte sofort an Selbstmord, denn er war ein ausgezeichneter Schwimmer, und ein einfaches Ertrinken kam bei ihm eigentlich kaum in Frage.

Es war nachts, und mir war hundeelend zumute. Ich saß im Wohnheim und grübelte darüber nach, ob die Nachricht stimmen konnte oder nicht. Irgendwie fühlte ich, daß an ihr

---

*Ein Nördlicher Militärmachthaber, der zwecks Wahrung der konfuzianischen Moral die Benutzung von menschlichen Modellen in den Kunstschulen von Shanghai verbot.

nicht zu zweifeln war, obwohl ich noch keine Bestätigung erhalten hatte. Da es nichts gab, was ich für ihn tun konnte, schrieb ich vier Gedichte, die später in irgendeiner Zeitung erschienen, deren Wortlaut mir aber fast gänzlich entfallen ist. Ich kann mich nur noch an sechs Verse eines der Gedichte erinnern. Die ersten vier lauteten:

„Gezecht und diskutiert so manche Nacht
hab' ich mit dir, der nie viel trank,
doch wo die ganze Welt stockhagelblau,
da muß ein mäß'ger Trinker untergeh'n."

Die folgenden Verse habe ich völlig vergessen. Die beiden letzten hießen:

„Freunde entschwanden wie treibende Wolken,
ich bin nicht viel mehr als ein Staubkorn im Wind."

Als ich später nach Hause kam, erfuhr ich Einzelheiten von dem, was geschehen war. Ainong konnte zunächst keine Arbeit gleich welcher Art finden, weil kein Mensch mit ihm zu tun haben wollte. Es ging ihm wirklich sehr schlecht, aber er trank immer noch gerne, wenn Freunde ihn dazu einluden. Er hatte damals nur wenig Verkehr mit anderen Leuten. Die einzigen Menschen, mit denen er zusammenkam, waren ein paar junge Leute, die er erst später kennengelernt hatte. Aber die wollten nicht ständig seine Klagen hören, seine Späße gefielen ihnen besser.

„Morgen ist vielleicht ein Telegramm für mich da", pflegte er zu sagen. „Wenn ich es öffne, werde ich lesen, daß Lu Xun mich ruft."

Eines Tages luden ihn ein paar seiner neuen Freunde ein, mit dem Boot zu einer Opernvorstellung zu fahren. Als sie die Rückfahrt antraten, war es schon nach Mitternacht und es stürmte und regnete. Obwohl er betrunken war, bestand er darauf, dicht an der Bordkante zu stehen und Wasser zu lassen. Seine Freunde protestierten, aber er wollte nicht auf sie hören. Er könne nicht fallen, beteuerte er. Doch er fiel trotzdem und kam, obwohl er schwimmen konnte, nicht wieder an die Oberfläche.

Am nächsten Tag fand man seinen Körper. Er steckte in aufrechter Stellung in einer Spalte, wo Wassernüsse wuchsen.

Bis heute weiß ich nicht, ob er einfach das Gleichgewicht verlor oder Selbstmord beging.

Er hinterließ keinerlei Geld, nur eine Witwe und eine kleine Tochter. Einige Leute hatten die Idee, ein Guthaben einzurichten für die spätere Schulausbildung der Tochter. Doch kaum war der Vorschlag gemacht, als in seiner Sippe auch schon der Streit darüber ausbrach, wer das Geld verwalten solle, obwohl es noch gar nicht beisammen war. Das wirkte so abstoßend auf alle Beteiligten, daß nichts aus dem Vorschlag wurde.

Wie mag es seiner einzigen Tochter heute wohl gehen? Wenn sie auf der Schule war, müßte sie mittlerweile die Mittelschule absolviert haben.

18. November

Nachwort

Zu Beginn des dritten Essays „Das Bilderbuch der vierundzwanzig Beispiele für Kindespflicht“ schrieb ich, der Ausdruck „Mahuzi“, der in Beijing gebracht wird, um Kinder zu erschrecken, müßte eigentlich „Ma der Hunne“ heißen, denn er leitet sich von Ma Schumou ab, den ich für einen Hunnen hielt. Inzwischen habe ich herausgefunden, daß ich mich geirrt habe. Hu war der erste Name des Generals Ma Shumou, wie in den „Geschichten für müßige Augenblicke“* von Li Jiweng aus der Tang-Dynastie nachzulesen ist. Der betreffende Abschnitt unter der Überschrift „Widerlegung der Ansicht, daß Ma Shumou ein Hunne war“ lautet wie folgt:

*„Im Volksmund heißt es: ‚Ma-hu-zi kommt!‘, um Kindern Angst zu machen. Wer den Ursprung dieser Redewendung nicht kennt, stellt sich unter Ma vielleicht irgendeinen Gott mit langem Bart vor, der mit Sündern streng ins Gericht geht. Aber das ist falsch. Es gab einmal einen grausamen und harten General namens Ma Hu aus Sui, den der Kaiser Yang Di mit dem Bau des Großen Kanals bei Bianliang betraute. Er war so mächtig, daß selbst Kinder vor ihm in Ehrfurcht erstarrten und sich gegenseitig mit dem Ruf ‚Mahuzi kommt!‘ zu erschrecken pflegten. Ihr kindliches Geplapper machte aus Hu einen Hunnen**.*

Ein anderer, ähnlich gelagerter Fall war der General Hao Pin aus der Jing-Präfektur während der Regierungszeit des Kaisers Xian Zong, der bei den Barbaren so gefürchtet

*Eine Sammlung von Legenden aus älterer Zeit.

**Hunne heißt ebenfalls „hu“; dieses „hu“ unterscheidet sich von dem gleichlautenden Eigennamen nur durch ein anderes Schriftzeichen.

war, daß sie mit seinem Namen drohten, wenn ihre Kinder mit dem Greinen nicht aufhören wollten. Unter Kaiser Wu Zong wiederum jagten sich Dorfkinder gegenseitig einen Schreck ein, indem sie riefen: ‚Der Präfekt Xue kommt!' Man könnte noch eine Reihe ähnlicher Beispiele aufzählen, wie sich aus dem Bericht über Zhang Liao, der gleichfalls als Angstmacher diente, in den Wei-Aufzeichnungen ergibt." (Anmerkung des Autors: Ma Hus Tempel steht in Suiyang. Li Pi, Gouverneur von Fufang und Nachkomme von Ma Hu, ließ dort eine neue Schrifttafel anbringen.)

Ich stand mit meiner Weisheit also auch nicht weit über denen, die „den Ursprung dieser Redewendung" in der Tang-Dynastie „nicht kennen", und habe wahrhaftig nichts anderes verdient als von jemandem, der vor tausend Jahren gelebt hat, verspottet zu werden. Da kann ich nur achselzuckend lachen. Ich weiß nicht, ob sich die Tafel immer noch an dem Tempel von Ma Hu in Suiyang befindet oder ob die Inschrift in den örtlichen Annalen vermerkt worden ist. Träfe dies zu, wären wir in der Lage, seine wahren Verdienste zu würdigen und kämen sicher zu einer völlig anderen Einschätzung seiner Taten als der „Bericht über den Bau des Kanals".

Weil ich nach ein paar Illustrationen suchte, trug Herr Chang Weijun in Beijing für mich eine Fülle von Material zusammen, darunter einige Bücher, die ich noch nie zuvor gesehen hatte. So zum Beispiel ein „Bilderbuch der zweihundertvierzig Beispiele für Kindespflicht" von Hu Wenbing aus Suzhou, erschienen 1879 im fünften Regierungsjahr von Guang Xu. Für das Wort „vierzig" steht das Zeichen nebst einer Anmerkung, daß es wie „xi" auszusprechen sei. Wozu dieser Aufwand nötig war, anstatt schlicht „vierzig" zu schreiben, übersteigt mein Denkvermögen. Was jene Geschichte „Guo Ju begräbt seinen Sohn" betrifft, gegen die ich gewisse Einwände vorbrachte, so hatte er sie schon ein paar Jahre vor meiner Geburt herausgestrichen. Das

Vorwort gibt dazu folgende Erklärung:

„... ‚Das vom Verleger herausgegebene Bilderbuch der vierundzwanzig Beispiele für Kindespflicht' ist ein ausgezeichnetes Werk, doch die Erzählung über Guo Ju, der seinen Sohn begräbt, ist kein gutes Beispiel. Sie steht nämlich weder mit der Vernunft, noch mit den menschlichen Gefühlen in Einklang. Ich habe mich kühn unterfangen, eine neue Ausgabe herauszubringen, aus der ich all diejenigen Erzählungen entfernt habe, deren Protagonisten sich durch Übertreibungen einen Namen zu machen versuchen, und nur solche aufgenommen, die die Anstandsregeln nicht verletzen und jedermann zum Nacheifern anempfohlen werden können. Diese habe ich in sechs Gruppen unterteilt."

Die Kühnheit dieses alten Herrn Hu aus Suzhou ist zweifellos bewundernswert. Aber ich bin überzeugt, daß so mancher, und zwar schon geraume Zeit, derselben Ansicht war, nur fehlte ihm vielleicht der Mut, solch kühne Kürzungen vorzunehmen und seine Gedanken schriftlich niederzulegen. Im „Bilderbuch der hundert Beispiele für Kindespflicht"* zum Beispiel, erschienen 1872 im elften Regierungsjahr von Tong Zhi, lesen wir in einem Vorwort von Zheng Ji (alias Zheng Jicheng):

„... In der heutigen Zeit des moralischen Niedergangs und des Verfalls der guten alten Sitten vergißt man leicht, daß Kindespflicht und menschliche Natur eine Einheit bilden und nimmt sie als zwei voneinander getrennte Dinge. Man sucht sich Geschichten heraus von Menschen vergangener Tage,

---

*Zusammengestellt von Yü Baocheng und illustriert von Yu Tai in der Qing-Dynastie.

die sich in Öfen stürzen oder ihre Kinder lebendig begraben und nennt solches Tun grausam und unvernünftig; man beschuldigt die, die Fleisch von ihrem Schenkel schneiden oder sich selbst die Eingeweide herausreißen, sich an ihrem Körper, der ihnen doch von ihren Eltern geschenkt worden sei, zu vergehen. Wer so argumentiert, verkennt, daß Kindespflicht eine Sache des Gefühls ist und nicht der äußeren Erscheinung. Es gibt keine festen Formen, keine starren Regeln. Die Kindespflicht vergangener Zeiten wird den heutigen Bedürfnissen kaum gerecht werden, und von uns, die wir in der Gegenwart leben, kann man nicht verlangen, daß wir uns den Vorstellungen der Alten anpassen. Zeit und Umstände haben sich eben geändert. Verschiedene Menschen werden — bei völlig gleichem Pflichtbewußtsein — verschiedene Taten vollbringen. Zixia** sagte, man solle die größten Anstrengungen machen, seinen Eltern zu dienen. Wenn also jemand Konfuzius fragen würde, was er tun müsse, um seiner Kindespflicht zu genügen, würde dessen Antwort je nach Lage des Falls ganz verschieden ausfallen...“*

Aus dem Ganzen geht eindeutig hervor, daß in der Regierungszeit von Tong Zhi Menschen lebten, die Akte wie lebendiges Begraben von Kindern für „grausam und unvernünftig“ hielten. Aus Herrn Zheng Jis eigenen Ansichten werde ich dagegen nicht ganz klug. Er wollte wohl sagen, wir brauchten solch alten Beispielen nicht unbedingt

---

*Dem Vater von Li Ou war vom König von Wu (222-280) befohlen worden, Metall zu legieren. Als seine Versuche fehlschlugen, wurde er zum Tode verurteilt. Da stürzte sich seine fünfzehn Jahre alte Tochter voller Verzweiflung in den Ofen, worauf das gewünschte Metall erfolgreich zustande kam.

**Zixia (507-? v.u.Z.) war ein Schüler des Konfuzius.

zu folgen, dürften sie aber andererseits auch nicht als falsch verurteilen.

Der Ursprung dieses „Bilderbuchs der hundert Beispiele für Kindespflicht" ist recht ungewöhnlich: Es war das Ergebnis der Lektüre von „Neue Gedichte auf hundert Schönheiten"* von einem Mann namens Yan aus Ostguangdong. Während Yan die weiblichen Reize hervorhob, hob der Autor die Kindespflicht hervor und legte einen glänzenden Eifer als Verteidiger der Moral an den Tag. Obwohl jedoch dieses Buch von Yu Baozhen (alias Yu Lanpu) aus Kuaiji herausgegeben wurde, mit anderen Worten von jemandem aus meinem Heimatbezirk, muß ich sagen, es ist nicht überragend. In einer Anmerkung zum Beispiel schreibt er die Geschichte über Mulan**, die an ihres Vaters Stelle in die Armee geht, der „Sui Shi" („Geschichte der Sui-Dynastie") zu. Ein Werk dieses Titels gibt es nicht. Vielleicht hat er die „Sui Shu" („Aufzeichnungen aus der Sui-Dynastie") gemeint; aber darin wiederum findet sich kein Verweis auf Mulan, die der Armee beitritt.

Trotzdem erschien 1920 eine neue, lithographische Ausgabe dieses Buches bei einem Shanghaier Verleger, im neunten Jahr der Republik also, unter dem erweiterten Titel „Vollständige Ausgabe des Bilderbuchs der hundert Beispiele für Kindespflicht von Männern und Frauen". Auf der ersten Seite stehen kleingedruckt die Worte: „Gute Beispiele für die Familienerziehung." Ein weiteres Vorwort von einem gewissen Wang Ding (alias Wang Dazuo) beginnt mit einem Lamento, wie es ähnlich schon Herr Zheng Ji unter der Regierung von Tong Zhi angestimmt hatte:

*Ein illustriertes Buch aus dem 18. Jahrhundert mit Gedichten von Yan Xiyuan. Die Bilder zeigten hundert Schönheiten aus vergangenen Jahrhunderten.

**Diese Geschichte tauchte als Volksballade um das sechste Jahrhundert herum auf, wurde aber niemals in offizielle Geschichtsaufzeichnungen aufgenommen.

*„Seit der Ausbreitung des europäischen Einflusses nach Osten haben auch die Gelehrten im Land der vier Meere begonnen, nach Freiheit und Gleichheit zu rufen, mit dem Ergebnis, daß es mit der Moral ständig bergab geht, daß die Menschen täglich verderbter, gewissen- und schamloser werden, sich allen möglichen Lastern hingeben, gefährdungen aussetzen und bei ihrem Fortkommen auf das reine Glück vertrauen. Wie gering ist doch die Zahl der Menschen mit untadeligem Charakter, Menschen, die ihrem Gewissen folgen und sich nicht erniedrigen! ... Mir scheint, die unvernünftige Grausamkeit dieser Welt ist beinahe ebenso schlimm wie die Herzlosigkeit von Chen Shubao**. Wenn es nicht gelingt, diesem Trend Einhalt zu gebieten, wo werden wir dann enden? ...“*

Chen Shubao war vielleicht wirklich dermaßen dumm, daß er völlig „herzlos“ schien, aber ihn als Beispiel für unvernünftige Grausamkeit anzuführen, ist nicht ganz fair — zumindest, wenn man diesen Ausdruck verwendet, um die Handlungsweise von Guo Ju zu charakterisieren, der seinen Sohn begrub, oder die von Li Ou, die sich in den Ofen stürzte.

In gewisser Hinsicht scheint jedoch tatsächlich, die Entsittlichung mehr und mehr um sich zu greifen. Seit dem Erscheinen von „Geheimnissen zwischen Mann und Frau“ und „Neue Abhandlung über den Verkehr zwischen Mann und Frau“ benutzen viele in Shanghai gedruckte Bücher „Mann und Frau“ in ihren Titeln. Jetzt haben diese Worte selbst in das „Bilderbuch der hundert Beispiele für Kindespflicht“ Eingang gefunden, das doch in der Absicht

---

*Chen Shubao (553-604) war der letzte König aus dem Haus der Chen (557-589) während der Periode der Sechs Dynastien. Man nannte ihn herzlos, weil er sich um Staatsangelegenheiten nicht ernsthaft kümmerte und kein Schamgefühl besaß, nicht aber weil er hart und grausam gewesen wäre.

herausgegeben wurde, „die Menschen auf den rechten Weg zu bringen und sie sittlich zu festigen". Ein solches Resultat hätte sich Herr Yu Baozhen aus Kuaiji, der Kindespflicht predigte, weil er mit den „Neuen Gedichten auf hundert Schönheiten" unzufrieden war, sicher niemals träumen lassen.

Das Thema Kindespflicht, diese „vornehmste aller Tugenden", so mir nichts, dir nichts zu verlassen, nur um auf das Thema „Mann und Frau" zu kommen, mag ziemlich frivol, wenn nicht verderbt erscheinen. Und doch hätte ich gerne die Gelegenheit wahrgenommen, ein paar Worte in diesem Zusammenhang zu sagen. Ich werde mich selbstverständlich bemühen, mich kurz zu halten.

Selbst wenn es um die „vornehmste aller Tugenden" geht, denken wir Chinesen manchmal an Mann und Frau, wage ich zu behaupten. Herrscht überall tiefster Friede, gibt es Müßiggänger mehr als genug. Gelegentlich geht einer von ihnen „für eine edle Sache in den Tod"; dabei wird er kaum Zeit haben, sich noch um andere Aspekte zu kümmern, aber Zuschauer, die ihn überleben und genaue Nachforschungen anstellen können, werden sich immer in ausreichender Zahl finden. Wie offizielle Geschichtswerke berichten und allgemein bekannt ist, sprang Cao Oh in den Fluß, um ihren Vater zu suchen, und barg noch seinen Leichnam, nachdem sie sich selbst bereits ertränkt hatte. Die entscheidende Frage ist nun, wie sie ihn trug.

Als ich noch klein war, wurde mir in meiner Heimatstadt von den alten Leuten die Geschichte folgendermaßen erklärt:

> *„... Zuerst trieben die tote Cao Ou und der Leichnam ihres Vaters an die Wasseroberfläche, wobei die beiden Körper einander zugewandt waren und sie ihn umklammert hielt. Aber Leute, die zufällig vorbeikamen und Zeugen dieser Szene wurden, machten sich darüber lustig: ‚Seht mal, so ein junges Ding und hält so einen alten Knacker umschlungen!' Da sanken*

die beiden Leichname wieder auf den Grund des Wassers. Nach einer Weile kamen sie erneut hoch, aber diesmal Rücken an Rücken."

Ausgezeichnet! „Ou war erst vierzehn Jahre alt" nach den Berichten. Aber in dieser Welt des Anstands und der Rechtschaffenheit ist es selbst für eine so junge, pflichtbewußte Tochter sehr, sehr schwierig, mit ihrem toten Vater an die Wasseroberfläche zu treiben.

Ich sah im „Bilderbuch der hundert Beispiele für Kindespflicht" nach und im „Bilderbuch der zweihundertvierzig Beispiele für Kindespflicht". In beiden Fällen haben sich die Künstler geschickt aus der Affäre gezogen: Dargestellt ist nur die weinende Cao Ou am Ufer, bevor sie in den Fluß springt. Das 1892 erschienene „Bilderbuch der vierundzwanzig pflichtbewußten Töchter", illustriert von Wu Youju*, indes zeigt die Szene der zwei nach oben treibenden Leichname, die sich dabei die Rücken zukehren, wie auf der ersten Abbildungsseite oben zu sehen ist. Ich vermute, der Künstler hatte dieselbe Geschichte gehört wie ich. Dann gibt es noch den „Ergänzungsband zum Bilderbuch der vierundzwanzig Beispiele für Kindespflicht", ebenfalls von Wu Youju illustriert, in dem die junge Cao Ou auch vorkommt. In diesem Fall ist sie gerade dabei, in den Fluß zu springen, wie aus der unteren Hälfte der ersten Abbildung hervorgeht.

Viele dieser Kindespflicht Predigenden illustrierten Erzählungen, die ich gesehen habe, zeigen pflichtbewußte Söhne durch alle Zeiten konfrontiert mit Räubern, Tigern, Sturm und Brand, und in neun von zehn Fällen besteht ihre Methode, mit der Situation fertig zu werden, in „Weinen" und „Kotaos machen".

Wann werden wir in China Schluß machen mit „Weinen" und „Kotaos machen"?

Was die künstlerische Gestaltung anbelangt, so scheint mir der einfachste und klassischste Stil der von Oda Umisen in der

二十四孝圖說
曹娥投江
尋父屍
三

japanischen Ausgabe zu sein. Da diese Illustrationen in die „Kunstsammlung von Dian Shizhai“ Eingang gefunden haben, sind sie sozusagen zu einem chinesischen Produkt geworden und sehr leicht erhältlich. Am sorgfältigsten gezeichnet sind die Illustrationen von Wu Youju, die deshalb auch den meisten Anklang finden. Genau genommen war Wu Youju für die Darstellung historischer Themen eigentlich nicht prädestiniert. Völlig durchdrungen von seinen Erlebnissen und Erfahrungen in der Internationalen Niederlassung von Shanghai, wo er viele Jahre gewohnt hatte, war das Gebiet, auf dem er wirklich brillierte, zeitgenössische Szenen wie „Wütende Bordellbesitzerin beschimpft Prostituierte“ oder „Rowdy belästigt Dame“. Diese Bilder sind so voller Kraft und Leben, daß man glaubt, die Internationale Niederlassung von Shanghai leibhaftig vor Augen zu haben. Der Einfluß, den Wu ausübte, war allerdings bedauerlich. In vielen Romanen und Kinderbüchern der jüngsten Zeit fällt auf, daß alle Frauen Prostituierten ähneln und alle Kinder wie kleine Rowdys aussehen. Das rührt im wesentlichen daher, daß die Künstler zuviele seiner Illustrationen gesehen haben.

Erzählungen über pflichtbewußte Söhne sind sogar noch schwieriger zu illustrieren, weil die meisten so traurig sind. Nehmen wir nur die Geschichte „Guo Ju begräbt seinen Sohn“. Wie es der Künstler auch immer anstellen mag, er wird kaum ein Bild zustande bringen, das Kinder dazu bringt, sich bereitwillig in eine Grube zu legen. Auch die Geschichte „Mit bekümmertem Herzen Kot essen“ wird kaum überwältigende Begeisterung auslösen. Nicht anders steht es mit der Erzählung „Der Alte Lai Zi erheitert seine Eltern“. Obwohl es in dem dazugehörigen Vers heißt: „Das ganze Haus war erfüllt von Freude“, vermitteln die Illustrationen nichts von einer glücklichen Familienatmosphäre.

Für die zweite Abbildungsseite habe ich drei verschiedene Beispiele gewählt. Die Szene oben, aus dem „Bilderbuch der hundert Beispiele für Kindespflicht“ stammt von „He Yunti aus

戲彩娛親
戲舞學嬌癡
春風動彩衣
雙親開口笑
喜色滿庭闈
老萊子三種
七月八日集
魯迅

Chenchun“. Sie zeigt den Alten Lai Zi, wie er Wasser zur Halle bringt, dabei zu stürzen vorgibt und auf dem Boden liegend wie ein kleines Kind weint; die Eltern sieht man dazu lachen. Die mittlere Szene habe ich selbst aus „Bilder und Gedichte zu vierundzwanzig Beispielen für Kindespflicht“, illustriert von „Li Xitong aus Nordzhili“, kopiert. Sie zeigt, wie der Alte Lai Zi „in bunter Kleidung vor seinen Eltern kindliche Späße treibt“. Das Trommelchen in seiner Hand soll veranschaulichen, daß er ein kleines Kind spielt. Vielleicht fühlte dieser Herr Li jedoch, daß es zu lächerlich für einen ausgewachsenen alten Mann aussähe, sich mit solchen Faxen abzugeben, und er tat sein Bestes, den Alten Lai Zi etwas in der Größe zu reduzieren, bis schließlich ein kleines Kind mit einem Bart übrigblieb. Aber auch so ist es völlig reizlos. Was die Fehler und Lücken bei den Linien anbetrifft, sollte man weder beim Künstler noch bei mir als Abzeichner die Schuld suchen, sondern einzig und allein bei dem Stecher, der im Jahr 1873, dem zwölften Regierungsjahr von Tong Zhi aus der Qing-Dynastie, in der Hong-Wen-Tang-Druckerei auf der Westseite des südlichen Endes der Buzhengxi-Straße in der Provinz Shandong arbeitete. Das untere Bild entstand 1922, dem elften Jahr der Republik in der Shen-Du-Shan-Fang-Druckerei. Der Name des Künstlers fehlt. Die Illustration vereinigt zwei Episoden in sich — das absichtliche Hinstürzen und das Treiben kindlicher Späße —, verzichtet aber auf die „bunte Kleidung“. Auch Wu Youjus Illustration stellt diese beiden Episoden in einem Bild dar, und auch er hat die bunte Kleidung weggelassen. Aber obwohl sein Alter Lai Zi gedrungener ist und sein Haar zu zwei Knoten hochgebunden trägt, sieht er auch nicht besser aus.

Man hat gesagt, daß die Grenze zwischen Satire und Beleidigung nur papierdünn sei. Ich glaube, dasselbe gilt für die Grenze zwischen lustig und widerlich. Wenn ein Kind sich vor seinen Eltern spaßig aufführt, so kann das sehr lustig sein; wenn ein alter Mann das gleiche tut, ist das einfach abstoßend. Genauso kann ein sorglos verheiratetes Paar, das seine gegenseitige Zuneigung in aller Öffentlichkeit zum Ausdruck bringt, peinlich wirken, wenn es bei dem, was noch amüsant ist, auch nur einen Schritt zu weit geht. Wen wundert es also, daß es niemandem gelang, den Späße treibenden Alten Lai Zi befriedigend darzustellen. Es kann nicht angenehm gewesen sein, auch nur für einen Tag in einer der abgebildeten Familien zu leben. Man überlege nur einmal. Wie kann dieser alte Herr mit seinen siebzig Jahren die ganze Zeit heuchlerisch mit einem Kinderspielzeug zubringen?

In der Han-Dynastie hatte man gerne Bilder und Reliefs von legendären Herrschern, Schülern des Konfuzius, bedeutenden Gelehrten, von angesehenen Frauen und pflichtbewußten Söhnen in Palästen oder den Steinkammern vor den Gräbern. Von den Palästen ist natürlich nichts mehr übrig geblieben, aber solche Steinkammern kann man gelegentlich noch sehen. Am besten erhalten ist die Steinkammer der Familie Wu in der Provinz Shandong im Kreis Jiaxiang. Wenn ich mich recht entsinne, gibt es dort auch ein Relief mit Szenen aus der Lai-Zi-Legende. Leider besitze ich davon keine Abreibung und habe auch die „Sammlung von Inschriften auf Stein und Metall"* nicht zur Hand, so daß ich nicht in der Lage bin, meine Behauptung zu belegen. Es wäre sicher höchst interessant, moderne Illustrationen mit solchen von vor etwa achtzehnhundert Jahren zu vergleichen.

In der Erzählung über den Alten Lai Zi im „Bilderbuch der hundert Beispiele für Kindespflicht" findet sich folgende Stelle:

---

*Chen Shubao (553-604) war der letzte König aus dem Haus der Chen (557-589) während der Periode der Sechs Dynastien. Man nannte ihn herzlos, weil er sich um Staatsangelegenheiten nicht ernsthaft kümmerte und kein Schamgefühl besaß, nicht aber weil er hart und grausam gewesen wäre.

„… Der Alte Lai Zi spielte auch mit einem Chu (雏), um seine Eltern zu unterhalten. Er tollte damit an ihrer Seite herum und zerstreute sie so." (Anmerkung des Autors: Aus dem „Leben hochsinniger Menschen")

Wessen „Leben hochsinniger Menschen" ist gemeint? Das von Ji Kang? Oder das von Huangfu Mi? Auch um diese Frage zu beantworten, fehlten mir die geeigneten Bücher. Als ich in jüngster Zeit jedoch ein Monatssalär extra erhielt, beschloß ich, eine Ausgabe der „Kaiserlichen Enzyklopädie der Friedenszeit" zu kaufen. Aber als ich diese durchsah, konnte ich die Quelle immer noch nicht finden. Entweder habe ich also nicht gründlich genug gesucht, oder die Anekdote stammt aus irgendeinem anderen Tang- oder Songbuch. Es war zwar nicht besonders wichtig, aber mir fiel in dem Text das Wort „Chu" auf.

„Chu" dürfte in diesem Zusammenhang wohl kaum Jungvogel heißen. Puppen aus Ton, Seide oder Stoff als Kinderspielzeug nennt man in Japan „Hina", ein Wort, das genauso geschrieben wird wie „Chu". Dort drüben haben sich nicht wenig alte chinesische Schriftzeichen beibehalten. Daß der Alte Lai Zi mit einem Kinderspielzeug vor seinen Eltern spielt, scheint logischer, als daß er mit einem kleinen Vogel spielt. Was auf Englisch „doll" heißt, nennen wir in China heute „Yang-niu-niu — ausländische Kindchen" oder „Niren — Ton-Mensch", aber in der Schriftsprache verwendet man dazu die Zeichen „Kuilei — Marionette". Möglicherweise stand „Chu" bei unseren Vorfahren für Puppe, ging später verloren und hielt sich in dieser Bedeutung nur in Japan. Aber das ist nur meine augenblickliche Hypothese; wirkliche Beweise dafür habe ich bis jetzt noch nicht gefunden.

Der Alte Lai Zi mit einer Puppe — das ist ein Thema, zu dem bisher anscheinend noch niemand eine Illustration gezeichnet hat.

Eine zweite Reihe von Büchern, die ich sammelte, waren solche mit Illustrationen von Wu Chang. Eines nennt sich „Aufzeichnungen des Jadekalenders zur Ermahnung der Welt“ (oder ohne „zur Ermahnung der Welt“), ein anderes „Die kostbarsten Aufzeichnungen (oder „Eine Zusammenstellung der Kostbarkeiten“) des Jadekalenders“. Faktisch sind die Inhalte der beiden Bücher nahezu identisch. Was das Sammeln verschiedener Ausgaben zu diesen Büchern betrifft, so gilt mein Dank zuallererst Herrn Chang Weijun, der mir die in Beijing gedruckte Long-Guang-Zhai- und die Jian-Guang-Zhai-Ausgabe zusandte, des weiteren die Si-Guo-Zhai-Ausgabe und die Ausgabe aus der Lithographischen Druckerei, beide in Tianjin erschienen, sowie die Nanjinger Li-Guang-Ming-Zhuang-Ausgabe. Auch Herrn Zhang Maochen bin ich zu Dank verpflichtet, der mir die in Hangzhou erschienene Ma-Nao-Jing-Fang-Ausgabe sowie die aus Shaoxing stammende Xu-Guang-Ausgabe und die neueste lithographische Ausgabe besorgte, Schließlich erwarb ich selbst noch die in Guangzhou gedruckte Bao Jing Ge und die Han Yuan Lou-Ausgabe.

Wie schon gesagt, gibt es zwei Arten von „Jadekalendern“; die eine Fassung ist etwas kürzer, die andere etwas umfangreicher. Aber die Darstellung des Wu Chang machte mir auf allen Abbildungen Kopfzerbrechen. Denn in diesen Büchern trägt der Geist „Das Leben ist vergänglich“, also unser Wu Chang, eine reichverzierte Robe zu einer Art Beamtenhut und hat sich ein Schwert auf den Rücken geschnallt; während die Figur mit dem Abakus und dem hohen, spitz zulaufenden Hut „Si You Fen“ oder „Der Tod ist vorherbestimmt“ sein soll! Ob er dazu Strohsandalen oder Stoffschuhe trägt, ob er ein grimmiges oder freundliches Gesicht macht, diese Unterschiede sind allein der Laune des jeweiligen Künstlers zuzuschreiben. In einem wesentlichen Punkt aber stimmen alle Illustrationen überein: jene Figur wird „Der Tod ist vorherbestimmt“ genannt. Weiß der Himmel,

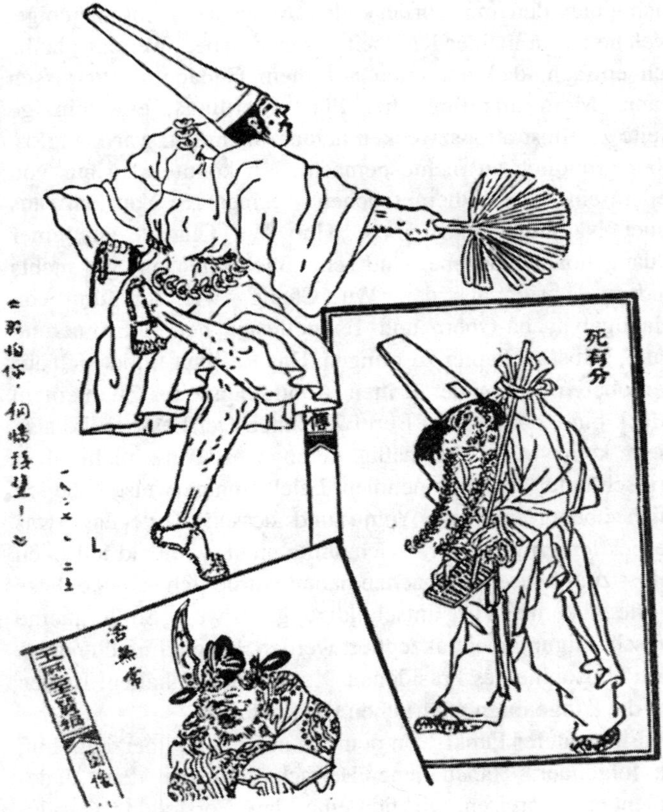

《那怕你，銅牆鐵壁！》
一九二六、六、二五 L.
死有分
傳
活無常
玉歷至寶鈔
圖像

dies war so recht dazu angetan, mich in Verlegenheit zu bringen.

Aber ganz überzeugt bin ich nicht davon. Erstens befindet sich unter den mir vorliegenden Ausgaben nicht diejenige, welche ich in meiner Kindheit gesehen habe; zweitens glaube ich einfach, daß ich mich auf mein Gedächtnis verlassen kann. Mein ursprünglicher Plan allerdings, eine einzige Seite zu Illustrationszwecken herauszunehmen, war klanglos, aber gründlich zu nichte gemacht. Ich konnte also nur von jedem ein Beispiel heraussuchen — einen „Si You Fen" aus einer Nanjinger und einen „Huo Wu Chang" aus einer Guangzhouer Ausgabe. Und schließlich blieb mir gar nichts anderes übrig, als den Wu Chang, wie ich ihn von Maudgalyayana-Opern und Tempelfesten her in Erinnerung hatte, selbst zu Papier zu bringen. Das Resultat findet sich auf der oberen Hälfte der dritten Abbildungsseite. Zu meinem Glück bin ich nicht von Beruf Zeichner. Der Leser sollte also mein keineswegs übermäßig gelungenes Werk nicht allzu kritisch unter die Lupe nehmen. Leichtsinnigerweise habe ich mich über Herrn Wu Youju und dessen Kollegen etwas despektierlich geäußert — ich ahnte nicht, wie bald ich mich selbst zum Narren zu machen haben würde. Ich schicke diese Worte also nur zur Entschuldigung vorweg. Sollte meine Entschuldigung nicht akzeptiert werden, kann ich mich nur an die Philosophie des Präsidenten Xu Shizhang* halten: Lassen wir die Dinge ihren natürlichen Lauf nehmen!

Ein weiterer Punkt, von dem ich noch nicht überzeugt bin, ist folgender: Haben jene Herrschaften, die den „Jade-Kalender" anpreisen, wirklich eine klare Vorstellung von der Unterwelt? Es gibt zum Beispiel zwei verschiedene Arten von Illustrationen vom Tod eines Menschen: Die eine zeigt nur

---

*Ein als besonders intrigant bekannter Beamter der Qing-Regierung, der Präsident der Regierung der Nördlichen Militärmachthaber von 1918 bis 1922 wurde.

eine mit einem stählernen Dreizack bewaffnete Geisterwache, die die Seelen der Verstorbenen vor Gericht lädt, und sonst niemanden; die andere zeigt einen pferdegesichtigen Teufel und zwei Wu Changs — den Wu Chang der Menschenwelt und den Wu Chang der Schattenwelt —, bei denen es sich jedoch nicht um die Geister „Das Leben ist vergänglich" und „Der Tod ist vorherbestimmt" handelt. Wer behauptet, sie seien es doch, dem muß ich entgegenhalten: sie sehen anders aus. So trägt auf Ausschnitt A der vierten Abbildungsseite der Wu Chang der Menschenwelt keine reichbestickte Robe oder einen Beamtenhut; der Wu Chang der Schattenwelt dagegen ähnelt mehr dem „Der Tod ist vorherbestimmt" auf der vorigen Abbildungsseite, obwohl ihm der Abakus fehlt und er einen Fächer in der Hand hält. Sicherlich könnte man dies damit erklären, daß es auf dem Bild gerade Sommer ist — warum aber hat er sich dann einen solch buschigen Bart stehen lassen? Grassierte die Seuche im Sommer derart, daß er nicht einmal zum Rasieren Zeit fand? Diese Illustration stammt aus der in Tianjin gedruckten Si-Guo-Zhai-Ausgabe. Die der Beijinger und Guangzhouer Ausgaben sind ähnlich.

Ausschnitt B stammt aus der Nanjinger Li-Guang-Ming-Ausgabe. Seine Wu Changs sind dieselben wie die von Bild A, nur ihre Namen sind vertauscht. Was die Ausgabe aus Tianjin als Wu Chang der Schattenwelt bezeichnet, heißt in der Nanjinger Ausgabe Wu Chang der Menschenwelt. Das stimmt jedoch genau mit meiner eigenen Auffassung überein. Eine in Weiß gekleidete Figur mit einem hohen Hut, bärtig oder nicht, mögen also Leute aus Beijing, Tianjin und Guangzhou Wu Chang der Schattenwelt oder „Der Tod ist vorherbestimmt" nennen, ich und die Nanjinger, wir nennen sie „Das Leben ist vergänglich". Ein jeder gibt ihr eben den Namen, der ihm gefällt. Schließlich ist der Name ja nur ein „Attribut zu einem Faktum". Wie wir sie nennen, ist also nicht allzu wichtig.

Ich beschloß, auch noch den Ausschnitt C aus der

四殿五官王
玉歷鈔傳
本宅司命
本家福神
陽無常
馬面
生魂
陰無常
B
十
李光明莊
玉歷至寶鈔
圖像
三十
歷鈔傳像圖
C
2
3
4
5

Shaoxinger Xu-Guang-Ji-Ausgabe hinzuzufügen. Da eine Erläuterung fehlt, ist mir die Absicht des Künstlers unbekannt. Als ich noch klein war, kam ich oft an dieser Druckerei vorbei und sah den Stechern bei der Arbeit an diesen Bildern zu. Da sie kreisbogenförmige oder gerade Linien bevorzugten, ihr Strich also selten unregelmäßig krumm verläuft, läßt sich in ihrer Version das wirkliche Aussehen unseres Herrn Wu Chang kaum beurteilen. Neben ihm ist jedoch ganz deutlich ein zweiter, kleiner Hochhut erkennbar, der in anderen Ausgaben fehlt. Das kann nur jener A Ling sein, der auf Tempelfesten auftritt, wie ich an anderer Stelle bereits erwähnt habe. Wu Chang bringt seinen Sohn (?) also auch denn mit, wenn er seines offiziellen Amtes waltet. Vermutlich soll der Sohn von ihm lernen, damit er, einmal groß geworden, „nicht von seines Vaters Pfaden abweicht".

Gegenüber dem für die Seelen der Verstorbenen zuständigen Gerichtsdiener, neben dem Thron des „Königs von Wuguan des Vierten Hofs" unter den zehn Königen der Hölle, steht für gewöhnlich eine Figur mit einem hohen Hut, wie auf Bild D zu sehen. Die Nr. I aus der Tianjiner Si-Guo-Zhai-Ausgabe macht einen ziemlich eleganten Eindruck. Die Nr. 2 aus der Nanjinger Ausgabe streckt aus irgendeinem Grund die Zunge heraus. Die Nr. 3 aus der Guangzhouer Bao-Jing-Ge-Ausgabe hält einen kaputten Fächer. Die Nr. 4 aus der Pekinger Long-Guang-Zhai-Ausgabe hat keinen Fächer, und unter seinem Kinn verläuft eine schwarze Linie, die man als Bart oder Zunge deuten könnte. Die Nr. 5 entstammt der Lithographischen Druckerei aus Tianjin und sieht ebenfalls recht elegant aus; sie steht jedoch neben dem Thron des „Königs von Taishan des Siebten Hofs" — ein Tatbestand, der ziemlich ungewöhnlich ist.

Auch auf Abbildungen von menschenfressenden Tigern ist immer jemand zu sehen, der, einen Papierfächer in der Hand, dem Tiger versteckte Winke gibt. Ich weiß nicht, ob es sich dabei ebenfalls um Wu Chang handeln soll oder um einen unter der Bezeichnung „Chang" (伥)* bekannten Geist. In den Opern meiner Heimatgegend trägt der „Chang"-Geist allerdings keinen hohen Hut.

Untersuchungen von solch esoterischen Dingen wie der Geisterkunde und dem Übernatürlichen sind noch ziemlich neu und höchst einträglich. Wenn ich alles Material zusammentrüge, eine gelehrte Diskussion entfachte und meine ganze Korrespondenz zu diesem Thema sammelte und veröffentlichte, könnte ich es ohne weiteres auf drei, vier dicke Bände bringen und dadurch zu Rang eines „Gelehrten" aufsteigen. Aber allzu viele Lorbeeren lassen sich mit dem Titel „Wu-Changologe" nicht ernten. Ich habe daher nicht vor, meine Forschung weiter zu vertiefen und werde sie vielmehr — vielleicht in etwas abrupter Form — mit den folgenden Zeilen zum Abschluß bringen:

Die Grundidee von solchen Büchern wie dem „Jade-Kalender" ist eine ziemlich banale und simple: „Das Leben ist vergänglich" und „Der Tod ist vorherbestimmt" symbolisieren zusammen das Leben des Menschen. Wenn es mit einem Menschen zu Ende geht, braucht nur „Der Tod ist vorherbestimmt" auf zu treten, denn sein Erscheinen zeigt an: „Das Leben ist vergänglich."

Es gibt aber auch noch eine Art selbsternannte „Boten für die Unterwelt", lebende Menschen, die für eine Weile ins Reich der Schatten gehen, um beim Vollzug amtlicher Tätigkeiten zu helfen. Weil ihre Hilfe ebenfalls darin besteht, die Seelen von Verstorbenen vor Gericht zu laden, nennt man auch sie Wu Chang; und weil diese Art Geister Seelen noch lebender Menschen sind, werden sie als zur Menschenwelt

*Nach einem alten Aberglauben wurde die Seele eines Menschen, der von einem Tiger zerrissen worden war, zu einem Geist, der nach anderen Menschen suchen mußte, um sie dem Tiger zum Fraß zuzuführen. Solch ein Geist wurde „Chang" genannt, ein Ausdruck, mit dem man auch Lakaien belegte, die sich zu Helfershelfern ihrer Herren machten.

gehörig gekennzeichnet und so mit „Das Leben ist vergänglich“ verwechselt. Daher sehen wir auf Bild A der vierten Abbildungsseite Wu Chang der Menschenwelt ganz gewöhnlich nach Menschenart gekleidet, womit verdeutlicht werden soll, daß es sich bei ihm nur um einen Boten für die Seelen der Verstorbenen handelt, dessen Tätigkeit sich darauf beschränkt, die Geisterwache zum jeweiligen Haus zu führen. Das ist der Grund, weshalb er am Fuß der Stufen steht.

Da es einen Wu Chang gibt, der als Verkörperung des Geistes eines lebenden Menschen Verkehr mit der Unterwelt pflegt, nennt man den Geist „Der Tod ist vorherbestimmt“ den Wu Chang der Schatten, denn er hat ähnliche Aufgaben, gehört aber nicht der Menschenwelt an.

Obwohl Maudgalyayana-Dramen und Tempel-Prozessionen zur Besänftigung der Götter gedacht waren, dienten sie auch der Unterhaltung. Wenn derjenige, der die Rolle eines Lebenden spielt, der Botendienste für die Schattenwelt übernimmt, wie ein ganz gewöhnlicher Mensch gekleidet wäre, sähe das viel zu langweilig aus, wäre das keine Maskerade mehr. Um wieviel wirkungsvoller ist es doch, wenn man ihm ein bizarres Aussehen verleiht! Das ist der Grund, warum er in der Kostümierung des anderen Wu Chang auftritt — ein Zusammenhang, über den sich die Leute natürlich nie ganz bewußt waren. So kam es, daß der Irrtum ständig fortlebte. Die Figur, die die Nanjinger und ich „Das Leben ist vergänglich“ nennen, ist also in Wirklichkeit jener für die Schattenwelt Botendienste leistende Geist eines Lebenden namens „Das Leben ist vergänglich“, aber im Gewande von „Der Tod ist vorherbestimmt“. Dies widerspricht völlig der klassischen Lehrmeinung und ist höchst widersinnig.

Würden die gelehrten Häupter Chinas meinen Schlußfolgerungen zustimmen?

Ich hatte zunächst gar nicht vor, ein Nachwort zu schreiben. Ich suchte nur nach ein paar alten Abbildungen zu

Illustrationszwecken, ohne zu ahnen, wie sehr ich dabei auf Abwege geraten würde. Während ich die Darstellungen verglich, typische Beispiele auswählte, sie ausschnitt und zusammenklebte, habe ich mehr aufs Geratewohl einige Anmerkungen dazu gemacht. Für das Niederschreiben der Erinnerungen habe ich mit Unterbrechungen ungefähr ein Jahr gebraucht, während mich dieses kurze Nachwort mit Unterbrechungen nahezu zwei Monate aufgehalten hat. Jetzt ist es so heiß, daß mir der Schweiß den Rücken hinunterläuft. Höchste Zeit wohl, den Schlußpunkt zu setzen? Womit ich den auch schließen will.

Geschrieben am II. Juli 1927
vor dem Westfenster meiner Wohnung
in Dongti, Guangzhou.

朝花夕拾

鲁迅

外 文 出 版 社

目　录

小 引

我常想在纷扰中寻出一点闲静来，然而委实不容易。目前是这么离奇，心里是这么芜杂。一个人做到只剩了回忆的时候，生涯大概总要算是无聊了罢，但有时竟会连回忆也没有。中国的做文章有轨范，世事也仍然是螺旋。前几天我离开中山大学的时候，便想起四个月以前的离开厦门大学；听到飞机在头上鸣叫，竟记得了一年前在北京城上日日旋绕的飞机。我那时还做了一篇短文，叫做《一觉》。现在是，连这“一觉”也没有了。

广州的天气热得真早，夕阳从西窗射入，逼得人只能勉强穿一件单衣。书桌上的一盆“水横枝”，是我先前没有见过的，就是一段树，只要浸在水中，枝叶便青葱得可爱。看看绿叶，编编旧稿，总算也在做一点事。做着这等事，真是虽生之日，犹死之年，很可以驱除炎热的。

前天，已将《野草》编定了，这回便轮到陆续载在《莽原》上的《旧事重提》，我还替他改了一个名称：《朝花夕拾》。带露折花，色香自然要好得多，但是我不能够。便是现在心目中的离奇和芜杂，我也还不能使他即刻幻化， 转成离奇和芜杂的文章。或者，他日仰看流云时，会在我的眼前一闪烁罢。

我有一时，曾经屡次忆起儿时在故乡所吃的蔬果：菱角、罗汉豆、茭白、香瓜。凡这些，都是极其鲜美可口的；都曾是使我思乡的蛊惑。后来，我在久别之后尝到了，也不过如此；惟独在记忆上，还有旧来的意味留存。他们也许要哄骗我一生，使我时时反顾。

这十篇就是从记忆中抄出来的，与实际内容或有些不同，然而我现在只记得是这样。文体大概很杂乱，因为是或作或辍，经了九个月之多。环境也不一：前两篇写于北京寓所的东壁下；中三篇是流离中所作，地方是医院和木匠房；后五篇却在厦门大学的图书馆的楼上，已经是被学者们挤出集团之后了。

一九二七年五月一日，鲁迅于广州白云楼记。

狗·猫·鼠

从去年起，仿佛听得有人说我是仇猫的。那根据自然是在我的那一篇《兔和猫》；这是自画招供，当然无话可说，— 但倒也毫不介意。一到今年，我可很有点担心了。我是常不免于弄弄笔墨的，写了下来，印了出去，对于有些人似乎总是搔着痒处的时候少，碰着痛处的时候多。万一不谨，甚而至于得罪了名人或名教授，或者更甚而至于得罪了“负有指导青年责任的前辈”之流，可就危险已极。为什么呢？因为这些大脚色是“不好惹”的。怎地“不好惹”呢？就是怕要浑身发热之后，做一封信登在报纸上，广告道：“看哪！狗不是仇猫的么？鲁迅先生却自己承认是仇猫的，而他还说要打‘落水狗’！”这“逻辑”的奥义，即在用我的话，来证明我倒是狗，于是而凡有言说，全都根本推翻，即使我说二二得四，三三见九，也没有一字不错。这些既然都错，则绅士口头的二二得七，三三见千等等，自然就不错了。

我于是就间或留心着查考它们成仇的“动机”。这也并非敢妄学现下的学者以动机来褒贬作品的那些时髦，不过想给自己预先洗刷洗刷。据我想，这在动物心理学家，是用不着费什么力气的，可惜我没有这学问。后来，在覃哈特博士(Dr. O. Dähnhardt)的《自然史底国民童话》里，总算发见了那原因了。据说，是这么一回事：动物们因为要商议要事，开了一个会议，鸟、鱼、兽都齐集了，单是缺了象。大家议定，派伙计去迎接它，拈到了当这差使的阄的就是狗。“我怎么找到那象呢？我没有见过它，也和它不认识。”它问。“那容易，”大众说，“它是驼背的。”狗去了，遇见一匹猫，立刻弓起脊梁来，它便招待，同行，将弓着脊梁的猫介绍给大家道：“象在这里！”但是大家都嗤笑它了。从此以后，狗和猫便成了仇家。

日耳曼人走出森林虽然还不很久，学术文艺却已经很可观，便是书籍的装潢，玩具的工致，也无不令人心爱。独有这一篇童话却实在不漂亮；结怨也结得没有意思。猫的弓起脊梁，并不是希图冒充，故意摆架子的，其咎却在狗的自己没眼力。然而原因也总可以算作一个原因。我的仇猫，是和这大大两样的。

其实人禽之辨，本不必这样严。在动物界，虽然并不如古人所幻想的那样舒适自由，可是噜苏做作的事总比人间少。它们适性任情，对就对，错就错，不说一句分辩话。虫蛆也许是不干净的，但它们并没有自鸣清高；鸷禽猛兽以较弱的动物为饵，不妨说是凶残的罢，但它们从来就没有竖过“公理”“正义”的旗子，使牺牲者直到被吃时候为止，还是一味佩服赞叹它们。人呢，能直立了，自然是一大进步；能说话了，自然又是一大进步；能写字作文了，自然又是一大进步。然而也就堕落，因为那时也开始了说空话。说空话尚无不可，甚至于连自己也不知道说着违心之论，则对于只能嗥叫的动物，实在免不得“颜厚有忸怩”。假使真有一位一视同仁的造物主，高高在上，那么，对于人类的这些小聪明，也许倒以为多事，正如我们在万生园里，看见猴子翻筋斗，母象请安，虽然往往破颜一笑，但同时也觉得不舒服，甚至于感到悲哀，以为这些多余的聪明，倒不如没有的好罢。然而，既经为人，便也只好“党同伐异”，学着人们的说话，随俗来谈一谈，— 辩一辩了。

现在说起我仇猫的原因来，自己觉得是理由充足，而且光明正大的。一、它的性情就和别的猛兽不同，凡捕食雀、鼠，总不肯一口咬死，定要尽情玩弄，放走，又捉住，捉住，又放走，直待自己玩厌了，这才吃下去，颇与人们的幸灾乐祸，慢慢地折磨弱者的坏脾气相同。二、它不是和狮子同族的么？可是有这么一副媚态！但这也许是限于天分之故罢，假使它的身材比现在大十倍，那就真不知道它所取的是怎么一种态度。然而，这些口实，仿佛又是现在提起笔来的时候添出来的，虽然也像是当时涌上心来的理由。要说得可靠一点，或者倒不如说不过因为它们配合时候的嗥叫，手续竟有这么繁重，闹得别人心烦，尤其是夜间要看书，睡觉的时候。当这些时候，我便要用长竹竿去攻击它们。狗们在大道上配合时，常有闲汉拿了木棍痛打；我曾见大勃吕该尔(P.Bruegel d. Ä)的一张铜版画 Allegorie der Wollust 上，也画着这回事，可见这样的举动，是中外古今一致的。自从那执拗的奥国学者弗罗特(S.Freud)提倡了精神分析说— Psychoanalysis，听说章士钊先生是译作“心解”的，虽然简古，可是实在难解得很 —以来，我们的名人教授也颇有隐隐约约，检来应用的了，这些事便不免又要归宿到性欲上去。打狗的事我不管，至于我的打猫，却只因为它们嚷嚷，此外并无恶意，我自信我的嫉妒心还没有这么博大，当现下“动辄获咎”之秋，这是不可不预先声明的。例如人们当配合之前，也很有些手续，新的是写情书，少则一束，多则一捆；旧的是什么“问名”“纳采”，磕头作揖，去年海昌蒋氏在北京举行婚礼，拜来拜去，就十足拜了三天，还印有一本红面子的《婚礼节文》，《序论》里大发议论道：“平心论之，既名为礼，当必繁重。专图简易，何用礼为？…… 然则世之有志于礼者，可以兴矣！不可退居于礼所不下之庶人矣！”然而我毫不生气，这是因为无须我到场；因此也可见我的仇猫，理由实在简简单单，只为了它们在我的耳朵边尽嚷的缘故。人们的各种礼式，局外人可以不见不闻，我就满不管，但如果当我正要看书或睡觉的时候，有人来勒令朗诵情书，奉陪作揖，那是为自卫起见，还要用长竹竿来抵御的。还有，平素不大交往的人，忽而寄给我一个红帖子，上面印着“为舍妹出阁”，“小儿完姻”，“敬请观礼”或“阖第光临”这些含有“阴险的暗示”的句子，使我不化钱便总觉得有些过意不去的，我也不十分高兴。

但是，这都是近时的话。再一回忆，我的仇猫却远在能够说出这些理由之前，也许是还在十岁上下的时候了。至今还分明记得，那原因是极其简单的：只因为它吃老鼠，— 吃了我饲养着的可爱的小小的隐鼠。

听说西洋是不很喜欢黑猫的，不知道可确；但 Edgar Allan Poe 的小说里的黑猫，却实在有点骇人。日本的猫善于成精，传说中的“猫婆”，那食人的惨酷确是更可怕。中国古时候虽然曾有“猫鬼”，近来却很少听到猫的兴妖作怪，似乎古法已经失传，老实起来了。只是我在童年，总觉得它有点妖气，没有什么好感。那是一个我的幼时的夏夜，我躺在一株大桂树下的小板桌上乘凉，祖母摇着芭蕉扇坐在桌旁，给我猜谜，讲故事。忽然，桂树上沙沙地有趾爪的爬搔声，一对闪闪的眼睛在暗中随声而下，使我吃惊，也将祖母讲着的话打断，另讲猫的故事了—

“你知道么？猫是老虎的先生。”她说。“小孩子怎么会知道呢，猫是老虎的师父。老虎本来是什么也不会的，就投到猫的门下来。猫就教给它扑的方法，捉的方法，吃的方法，象自己的捉老鼠一样。这些教完了；老虎想，本领都学到了，谁也比不过它了，只有老师的猫还比自己强，要是杀掉猫，自己便是最强的脚色了。它打定主意，就上前去扑猫。猫是早知道它的来意的，一跳，便上了树，老虎却只能眼睁睁地在树下蹲着。它还没有将一切本领传授完，还没有教给它上树。”

这是侥幸的，我想，幸而老虎很性急，否则从桂树上就会爬下一匹老虎来。然而究竟很怕人，我要进屋子里睡觉去了。夜色更加黯然；桂叶瑟瑟地作响，微风也吹动了，想来草席定已微凉，躺着也不至于烦得翻来复去了。

几百年的老屋中的豆油灯的微光下，是老鼠跳梁的世界，飘忽地走着，吱吱地叫着，那态度往往比“名人名教授”还轩昂。猫是饲养着的，然而吃饭不管事。祖母她们虽然常恨鼠子们啮破了箱柜，偷吃了东西，我却以为这也算不得什么大罪，也和我不相干，况且这类坏事大概是大个子的老鼠做的，决不能诬陷到我所爱的小鼠身上去。这类小鼠大抵在地上走动，只有拇指那么大，也不很畏惧人，我们那里叫它“隐鼠”，与专住在屋上的伟大者是两种。我的床前就帖着两张花纸，一是“八戒招赘”，满纸长嘴大耳，我以为不甚雅观；别的一张“老鼠成亲”却可爱，自新郎、新妇以至傧相、宾客、执事，没有一个不是尖腮细腿，像煞读书人的，但穿的都是红衫绿裤。我想，能举办这样大仪式的，一定只有我所喜欢的那些隐鼠。现在是粗俗了，在路上遇见人类的迎娶仪仗，也不过当作性交的广告看，不甚留心；但那时的想看“老鼠成亲”的仪式，却极其神往，即使像海昌蒋氏似的连拜三夜，怕也未必会看得心烦。正月十四的夜，是我不肯轻易便睡，等候它们的仪仗从床下出来的夜。然而仍然只看见几个光着身子的隐鼠在地面游行，不像正在办着喜事。直到我熬不住了，快快睡去，一睁眼却已经天明，到了灯节了。也许鼠族的婚仪，不但不分请帖，来收罗贺礼，虽是真的“观礼”，也绝对不欢迎的罢，我想，这是它们向来的习惯，无法抗议的。

老鼠的大敌其实并不是猫。春后，你听到它“咋！咋咋咋咋！”地叫着，大家称为“老鼠数铜钱”的，便知道它的可怕的屠伯已经光降了。这声音是表现绝望的惊恐的，虽然遇见猫，还不至于这样叫。猫自然也可怕，但老鼠只要窜进一个小洞去，它也就奈何不得，逃命的机会还很多。独有那可怕的屠伯 — 蛇，身体是细长的，圆径和鼠子差不多，凡鼠子能到的地方，它也能到，追逐的时间也格外长，而且万难幸免，当“数钱”的时候，大概是已经没有第二步办法的了。

有一回，我就听得一间空屋里有着这种“数钱”的声音，推门进去，一条蛇伏在横梁上，看地上，躺着一匹隐鼠，口角流血，但两胁还是一起一落的。取来给躺在一个纸盒子里，大半天，竟醒过来了，渐渐地能够饮食，行走，到第二日，似乎就复了原，但是不逃走。放在地上，也时时跑到人面前来，而且缘腿而上，一直爬到膝髁。给放在饭桌上，便检吃些菜渣，舔舔碗沿；放在我的书桌上，则从容地游行，看见砚台便舔吃了研着的墨汁。这使我非常惊喜了。我听父亲说过的，中国有一种墨猴，只有拇指一般大，全身的毛是漆黑而且发亮的。它睡在笔筒里，一听到磨墨，便跳出来，等着，等到人写完字，套上笔，就舔尽了砚上的余墨，仍旧跳进笔筒里去了。我就极愿意有这样的一个墨猴，可是得不到；问哪里有，哪里买的呢，谁也不知道。“慰情聊胜无”，这隐鼠总可以算是我的墨猴了罢，虽然它舔吃墨汁，并不一定肯等到我写完字。

现在已经记不分明，这样地大约有一两月；有一天，我忽然感到寂寞了，真所谓“若有所失”。我的隐鼠，是常在眼前游行的，或桌上，或地上。而这一日却大半天没有见，大家吃午饭了，也不见它走出来，平时，是一定出现的。我再等着，再等它一半天，然而仍然没有见。

长妈妈，一个一向带领着我的女工，也许是以为我等得太苦了罢，轻轻地来告诉我一句话。这即刻使我愤怒而且悲哀，决心和猫们为敌。她说：隐鼠是昨天晚上被猫吃去了！

当我失掉了所爱的，心中有着空虚时，我要充填以报仇的恶念！

我的报仇，就从家里饲养着的一匹花猫起手，逐渐推广，至于凡所遇见的诸猫。最先不过是追赶，袭击；后来却愈加巧妙了，能飞石击中它们的头，或诱入空屋里面，打得它垂头丧气。这作战继续得颇长久，此后似乎猫都不来近我了。但对于它们纵使怎样战胜，大约也算不得一个英雄；况且中国毕生和猫打仗的人也未必多，所以一切韬略、战绩，还是全都省略了罢。

但许多天之后，也许是已经经过了大半年，我竟偶然得到一个意外的消息：那隐鼠其实并非被猫所害，倒是它缘着长妈妈的腿要爬上去，被她一脚踏死了。

这确是先前所没有料想到的。现在我已经记不清当时是怎样一个感想，但和猫的感情却终于没有融和；到了北京，还因为它伤害了兔的儿女们，便旧隙夹新嫌，使出更辣的辣手。“仇猫”的话柄，也从此传扬开来。然而在现在，这些早已是过去的事了，我已经改变态度，对猫颇为客气，倘其万不得已，则赶走而已，决不打伤它们，更何况杀害。这是我近几年的进步。经验既多，一旦大悟，知道猫的偷鱼肉，拖小鸡，深夜大叫，人们自然十之九是憎恶的，而这憎恶是在猫身上。假如我出而为人们驱除这憎恶，打伤或杀害了它，它便立刻变为可怜，那憎恶倒移在我身上了。所以，目下的办法，是凡遇猫们捣乱，至于有人讨厌时，我便站出去，在门口大声叱曰“嘘！滚！”小小平静，即回书房，这样，就长保着御侮保家的资格。其实这方法，中国的官兵就常在实做的，他们总不肯扫清土匪或扑灭敌人，因为这么一来，就要不被重视，甚至于因失其用处而被裁汰。我想，如果能将这方法推广应用，我大概也总可望成为所谓“指导青年”的“前辈”的罢，但现下也还未决心实践，正在研究而且推敲。

一九二六年二月二十一日。

阿长与《山海经》

长妈妈，已经说过，是一个一向带领着我的女工，说得阔气一点，就是我的保姆。我的母亲和许多别的人都这样称呼她，似乎略带些客气的意思。只有祖母叫她阿长。我平时叫她“阿妈”，连“长”字也不带；但到憎恶她的时候，— 例如知道了谋死我那隐鼠的却是她的时候，就叫她阿长。

我们那里没有姓长的；她生得黄胖而矮，“长”也不是形容词。又不是她的名字，记得她自己说过，她的名字是叫作什么姑娘的。什么姑娘，我现在已经忘却了，总之不是长姑娘；也终于不知道她姓什么。记得她曾告诉过我这个名称的来历：先前的先前，我家有一个女工，身材生得很高大，这就是真阿长。后来她回去了，我那什么姑娘才来补她的缺，然而大家因为叫惯了，没有再改口，于是她从此也就成为长妈妈了。

虽然背地里说人长短不是好事情，但倘使要我说句真心话，我可只得说：我实在不大佩服她。最讨厌的是常喜欢切切察察，向人们低声絮说些什么事。还竖起第二个手指，在空中上下摇动，或者点着对手或自己的鼻尖。我的家里一有些小风波，不知怎的我总疑心和这“切切察察”有些关系。又不许我走动，拔一株草，翻一块石头，就说我顽皮，要告诉我的母亲去了。一到夏天，睡觉时她又伸开两脚两手，在床中间摆成一个“大”字，挤得我没有余地翻身，久睡在一角的席子上，又已经烤得那么热。推她呢，不动；叫她呢，也不闻。

“长妈妈生得那么胖，一定很怕热罢？晚上的睡相，怕不见得很好罢？……”

母亲听到我多回诉苦之后，曾经这样地问过她。我也知道这意思是要她多给我一些空席。她不开口。但到夜里，我热得醒来的时候，却仍然看见满床摆着一个“大”

字，一条臂膊还搁在我的颈子上。我想，这实在是无法可想了。

但是她懂得许多规矩；这些规矩，也大概是我所不耐烦的。一年中最高兴的时节，自然要数除夕了。辞岁之后，从长辈得到压岁钱，红纸包着，放在枕边，只要过一宵，便可以随意使用。睡在枕上，看着红包，想到明天买来的小鼓、刀枪、泥人、糖菩萨……。然而她进来，又将一个福橘放在床头了。

“哥儿，你牢牢记住!”她极其郑重地说。“明天是正月初一，清早一睁开眼睛，第一句话就得对我说，‘阿妈，恭喜恭喜!’记得么？你要记着，这是一年的运气的事情。不许说别的话!说过之后，还得吃一点福橘。”她又拿起那橘子来在我的眼前摇了两摇，“那么，一年到头，顺顺流流……。”

梦里也记得元旦的，第二天醒得特别早，一醒，就要坐起来。她却立刻伸出臂膊，一把将我按住。我惊异地看她时，只见她惶急地看着我。

她又有所要求似的，摇着我的肩。我忽而记得了—

“阿妈，恭喜……。”

“恭喜恭喜！大家恭喜！真聪明！恭喜恭喜!”她于是十分喜欢似的，笑将起来，同时将一点冰冷的东西，塞在我的嘴里。我大吃一惊之后，也就忽而记得，这就是所谓福橘，元旦辟头的磨难，总算已经受完，可以下床玩耍去了。

她教给我的道理还很多，例如说人死了，不该说死掉，必须说“老掉了”；死了人，生了孩子的屋子里，不应该走进去；饭粒落在地上，必须拣起来，最好是吃下去；晒裤子用的竹竿底下，是万不可钻过去的……。此外，现在大抵忘却了，只有元旦的古怪仪式记得最清楚。总之：都是些烦琐之至，至今想起来还觉得非常麻烦的事情。

然而我有一时也对她发生过空前的敬意。她常常对我讲“长毛”。她之所谓“长毛”者，不但洪秀全军，似乎连后来一切土匪强盗都在内，但除却革命党，因为那时还没有。她说得长毛非常可怕，他们的话就听不懂。她说先前长毛进城的时候，我家全都逃到海边去了，只留一个门房和年老的煮饭老妈子看家。后来长毛果然进门来了，那老妈子便叫他们“大王”，— 据说对长毛就应该这样叫，— 诉说自己的饥饿。长毛笑道：“那么，这东西就给你吃了罢！”将一个圆圆的东西掷了过来，还带着一条小辫子，正是那门房的头。煮饭老妈子从此就骇破了胆，后来一提起，还是立刻面如土色，自己轻轻地拍着胸脯道：“阿呀，骇死我了，骇死我了……。”

我那时似乎倒并不怕，因为我觉得这些事和我毫不相干的，我不是一个门房。但她大概也即觉到了，说道：“象你似的小孩子，长毛也要掳的，掳去做小长毛。还有好看的姑娘，也要掳。”

“那么，你是不要紧的。”我以为她一定最安全了，既不做门房，又不是小孩子，也生得不好看，况且颈子上还有许多炙疮疤。

“哪里的话？！”她严肃地说。“我们就没有用处？我们也要被掳去。城外有兵来攻的时候，长毛就叫我们脱下裤子，一排一排地站在城墙上，外面的大炮就放不出来；再要放，就炸了！”

这实在是出于我意想之外的，不能不惊异。我一向只以为她满肚子是麻烦的礼节罢了，却不料她还有这样伟大的神力。从此对于她就有了特别的敬意，似乎实在深不可测；夜间的伸开手脚，占领全床，那当然是情有可原的了，倒应该我退让。

这种敬意，虽然也逐渐淡薄起来，但完全消失，大概是在知道她谋害了我的隐鼠之后。那时就极严重地诘问，而且当面叫她阿长。我想我又不真做小长毛，不去攻城，也不放炮，更不怕炮炸，我惧惮她什么呢！

但当我哀悼隐鼠，给它复仇的时候，一面又在渴慕着绘图的《山海经》了。这渴慕是从一个远房的叔祖惹起来的。他是一个胖胖的，和蔼的老人，爱种一点花木，如珠兰茉莉之类，还有极其少见的，据说从北边带回去的马缨花。他的太太却正相反，什么也莫名其妙，曾将晒衣服的竹竿搁在珠兰的枝条上，枝折了，还要愤愤地咒骂道："死尸！"这老人是个寂寞者，因为无人可谈，就很爱和孩子们往来，有时简直称我们为"小友"。在我们聚族而居的宅子里，只有他书多，而且特别。制艺和试帖诗，自然也是有的；但我却只在他的书斋里，看见过陆玑的《毛诗草木鸟兽虫鱼疏》，还有许多名目很生的书籍。我那时最爱看的是《花镜》，上面有许多图。他说给我听，曾经有过一部绘图的《山海经》，画着人面的兽，九头的蛇，三脚的鸟，生着翅膀的人，没有头而以两乳当作眼睛的怪物，……可惜现在不知道放在哪里了。

我很愿意看看这样的图画，但不好意思力逼他去寻找，他是很疏懒的。问别人呢，谁也不肯真实地回答我。压岁钱有几百文，买罢，又没有好机会。有书买的大街离我家远得很，我一年中只能在正月间去玩一趟，那时候，两家书店都紧紧地关着门。

玩的时候倒是没有什么的，但一坐下，我就记得绘图的《山海经》。

大概是太过于念念不忘了，连阿长也来问《山海经》是怎么一回事。这是我向来没有和她说过的，我知道她并非学者，说了也无益；但既然来问，也就都对她说了。

过了十多天，或者一个月罢，我还很记得，是她告假回家以后的四五天，她穿着新的蓝布衫回来了，一见面，就将一包书递给我，高兴地说道：—

"哥儿，有画儿的'三哼经'，我给你买来了！"

我似乎遇着了一个霹雳，全体都震悚起来；赶紧去接过来，打开纸包，是四本小小的书，略略一翻，人面的兽，九头的蛇，……果然都在内。

这又使我发生新的敬意了，别人不肯做，或不能做的事，她却能够做成功。她确有伟大的神力。谋害隐鼠的怨恨，从此完全消灭了。

这四本书，乃是我最初得到，最为心爱的宝书。书的模样，到现在还在眼前。可是从还在眼前的模样来说，却是一部刻印都十分粗拙的本子。纸张很黄；图象也很坏，甚至于几乎全用直线凑合，连动物的眼睛也都是长方形的。但那是我最为心爱的宝书，看起来，确是人面的兽；九头的蛇；一脚的牛；袋子似的帝江；没有头而“以乳为目，以脐为口”，还要“执干戚而舞”的刑天。

此后我就更其搜集绘图的书，于是有了石印的《尔雅音图》和《毛诗品物图考》，又有了《点石斋丛画》和《诗画舫》。《山海经》也另买了一部石印的，每卷都有图赞，绿色的画，字是红的，比那木刻的精致得多了。这一部直到前年还在，是缩印的郝懿行疏。木刻的却已经记不清是什么时候失掉了。

我的保姆，长妈妈即阿长，辞了这人世，大概也有了三十年了罢。我终于不知道她的姓名，她的经历；仅知道有一个过继的儿子，她大约是青年守寡的孤孀。

仁厚黑暗的地母呵，愿在你怀里永安她的魂灵！

三月十日。

《二十四孝图》

我总要上下四方寻求，得到一种最黑，最黑，最黑的咒文，先来诅咒一切反对白话，妨害白话者。即使人死了真有灵魂，因这最恶的心，应该堕入地狱，也将决不改悔，总要先来诅咒一切反对白话，妨害白话者。

自从所谓"文学革命"以来，供给孩子的书籍，和欧、美、日本的一比较，虽然很可怜，但总算有图有说，只要能读下去，就可以懂得的了。可是一班别有心肠的人们，便竭力来阻遏它，要使孩子的世界中，没有一丝乐趣。北京现在常用"马虎子"这一句话来恐吓孩子们。或者说，那就是《开河记》上所载的，给隋炀帝开河，蒸死小儿的麻叔谋；正确地写起来，须是"麻胡子"。那么，这麻叔谋乃是胡人了。但无论他是甚么人，他的吃小孩究竟也还有限，不过尽他的一生。妨害白话者的流毒却甚于洪水猛兽，非常广大，也非常长久，能使全中国化成一个麻胡，凡有孩子都死在他肚子里。

只要对于白话来加以谋害者，都应该灭亡！

这些话，绅士们自然难免要掩住耳朵的，因为就是所谓"跳到半天空，骂得体无完肤，— 还不肯罢休。"而且文士们一定也要骂，以为大悖于"文格"，亦即大损于"人格"。岂不是"言者心声也"么？"文"和"人"当然是相关的，虽然人间世本来千奇百怪，教授们中也有"不尊敬"作者的人格而不能"不说他的小说好"的特别种族。但这些我都不管，因为我幸而还没有爬上"象牙之塔"去，正无须怎样小心。倘若无意中竟已撞上了，那就即刻跌下来罢。然而在跌下来的中途，当还未到地之前，还要说一遍：—

只要对于白话来加以谋害者，都应该灭亡！

每看见小学生欢天喜地地看着一本粗拙的《儿童世界》之类，另想到别国的儿童用书的精美，自然要觉得中国儿童的可怜。但回忆起我和我的同窗小友的童年，却不能不以为他幸福，给我们的永逝的韶光一个悲哀的吊唁。我们那时有什么可看呢，只要略有图画的本子，就要被塾师，就是当时的“引导青年的前辈”禁止，呵斥，甚而至于打手心。我的小同学因为专读“人之初性本善”读得要枯燥而死了，只好偷偷地翻开第一页，看那题着“文星高照”四个字的恶鬼一般的魁星像，来满足他幼稚的爱美的天性。昨天看这个，今天也看这个，然而他们的眼睛里还闪出苏醒和欢喜的光辉来。

在书塾以外，禁令可比较的宽了，但这是说自己的事，各人大概不一样。我能在大众面前，冠冕堂皇地阅看的，是《文昌帝君阴骘文图说》和《玉历钞传》，都画着冥冥之中赏善罚恶的故事，雷公电母站在云中，牛头马面布满地下，不但“跳到半天空”是触犯天条的，即使半语不合，一念偶差，也都得受相当的报应。这所报的也并非“睚眦之怨”，因为那地方是鬼神为君，“公理”作宰，请酒下跪，全都无功，简直是无法可想。在中国的天地间，不但做人，便是做鬼，也艰难极了。然而究竟很有比阳间更好的处所：无所谓“绅士”，也没有“流言”。

阴间，倘要稳妥，是颂扬不得的。尤其是常常好弄笔墨的人，在现在的中国，流言的治下，而又大谈“言行一致”的时候。前车可鉴，听说阿尔志跋绥夫曾答一个少女的质问说，“惟有在人生的事实这本身中寻出欢喜者，可以活下去。倘若在那里什么也不见，他们其实倒不如死。”于是乎有一个叫作密哈罗夫的，寄信嘲骂他道，“…… 所以我完全诚实地劝你自杀来祸福你自己的生命，因为这第一是合于逻辑，第二是你的言语和行为不至于背驰。”其实这论法就是谋杀，他就这样地在他的人生中寻出欢喜来。阿尔志跋绥夫只发了一大通牢骚，没有自杀。密哈罗夫先生后来不知道怎样，这一个欢喜失掉了，或者另外又寻到了“什么”了罢。诚然，“这些时候，勇敢，是安稳的；情热，是毫无危险的。”

然而，对于阴间，我终于已经颂扬过了，无法追改；虽有“言行不符”之嫌，但确没有受过阎王或小鬼的半文津贴，则差可以自解。总而言之，还是仍然写下去罢：——

我所看的那些阴间的图画，都是家藏的老书，并非我所专有。我所收得的最先的画图本子，是一位长辈的赠品：《二十四孝图》。这虽然不过薄薄的一本书，但是下图上说，鬼少人多，又为我一人所独有，使我高兴极了。那里面的故事，似乎是谁都知道的；便是不识字的人，例如阿长，也只要一看图画便能够滔滔地讲出这一段的事迹。但是，我于高兴之余，接着就是扫兴，因为我请人讲完了二十四个故事之后，才知道“孝”有如之此难，对于先前痴心妄想，想做孝子的计划，完全绝望了。

“人之初，性本善”么？这并非现在要加研究的问题。但我还依稀记得，我幼小时候实未尝蓄意忤逆，对于父母，倒是极愿意孝顺的。不过年幼无知，只用了私见来解释“孝顺”的做法，以为无非是“听话”，“从命”，以及长大之后，给年老的父母好好地吃饭罢了。自从得了这一本孝子的教科书以后，才知道并不然，而且还要难到几十几百倍。其中自然也有可以勉力仿效的，如“子路负米”，“黄香扇枕”之类。“陆绩怀橘”也并不难，只要有阔人请我吃饭。“鲁迅先生作宾客而怀橘乎？”我便跪答云，“吾母性之所爱，欲归以遗母。”阔人大佩服，于是孝子就做稳了，也非常省事。“哭竹生笋”就可疑，怕我的精诚未必会这样感动天地。但是哭不出笋来，还不过抛脸而已，一到“卧冰求鲤”，可就有性命之虞了。我乡的天气是温和的，严冬中，水面也只结一层薄冰，即使孩子的重量怎样小，躺上去，也一定哗喇一声，冰破落水，鲤鱼还不及游过来。自然，必须不顾性命，这才孝感神明，会有出乎意料之外的奇迹，但那时我还小，实在不明白这些。

其中最使我不解，甚至于发生反感的，是“老莱娱亲”和“郭巨埋儿”两件事。

我至今还记得，一个躺在父母跟前的老头子，一个抱在母亲手上的小孩子，是怎样地使我发生不同的感想呵。他们一手都拿着“摇咕咚”。这玩意儿确是可爱的，北京称为小鼓，盖即鼗也，朱熹曰：“鼗，小鼓，两旁有耳；持其柄而摇之，则两耳还自击，”咕咚咕咚地响起来。然而这东西是不该拿在老莱子手里的，他应该扶一枝拐杖。现在这模样，简直是装佯，侮辱了孩子。我没有再看第二回，一到这一页，便急速地翻过去了。

那时的《二十四孝图》，早已不知去向了，目下所有的只是一本日本小田海仙所画的本子，叙老莱子事云：“行年七十，言不称老，常著五色斑斓之衣，为婴儿戏于亲侧。又常取水上堂，诈跌仆地，作婴儿啼，以娱亲意。”大约旧本也差不多，而招我反感的便是“诈跌”。无论忤逆，无论孝顺，小孩子多不愿意“诈”作，听故事也不喜欢是谣言，这是凡有稍稍留心儿童心理的都知道的。

然而在较古的书上一查，却还不至于如此虚伪。师觉授《孝子传》云，“老莱子……”常著斑斓之衣，为亲取饮，上堂脚跌，恐伤父母之心，僵仆为婴儿啼。”（《太平御览》四百十三引）较之今说，似稍近于人情。不知怎地，后之君子却一定要改得他“诈”起来，心里才能舒服。邓伯道弃子救侄，想来也不过“弃”而已矣，昏妄人也必须说他将儿子捆在树上，使他追不上来才肯歇手。正如将“肉麻当作有趣”一般，以不情为伦纪，诬蔑了古人，教坏了后人。老莱子即是一例，道学先生以为他白璧无瑕时，他却已在孩子的心中死掉了。

至于玩着“摇咕咚”的郭巨的儿子，却实在值得同情。他被抱在他母亲的臂膊上，高高兴兴地笑着；他的父亲却正在掘窟窿，要将他埋掉了。说明云，“汉郭巨家贫，有子三岁，母尝减食与之。巨谓妻曰，贫乏不能供母，子又分母之食。盍埋此子？”但是刘向《孝子传》所说，却又有些不同：巨家是富的，他都给了两弟；孩子是才生的，并没有到三岁。结末又大略相象了，“及掘坑二尺，得黄金一釜，上云：天赐郭巨，官不得取，民不得夺！”

我最初实在替这孩子捏一把汗，待到掘出黄金一釜，这才觉得轻松。然而我已经不但自己不敢再想做孝子，并且怕我父亲去做孝子了。家景正在坏下去，常听到父母愁柴米；祖母又老了，倘使我的父亲竟学了郭巨，那么，该埋的不正是我么？如果一丝不走样，也掘出一釜黄金来，那自然是如天之福，但是，那时我虽然年纪小，似乎也明白天下未必有这样的巧事。现在想起来，实在很觉得傻气。这是因为现在已经知道了这些老玩意，本来谁也不实行。整饬伦纪的文电是常有的，却很少见绅士赤条条地躺在冰上面，将军跳下汽车去负米。何况现在早长大了，看过几部古书，买过几本新书，什么《太平御览》咧，《古孝子传》咧，《人口问题》咧，《节制生育》咧，《二十世纪是儿童的世界》咧，可以抵抗被埋的理由多得很。不过彼一时，此一时，彼时我委实有点害怕：掘好深坑，不见黄金，连“摇咕咚”一同埋下去，盖上土，踏得实实的，又有什么法子可想呢。我想，事情虽然未必实现，但我从此总怕听到我的父母愁穷，怕看见我的白发的祖母，总觉得她是和我不两立，至少，也是一个和我的生命有些妨碍的人。后来这印象日见其淡了，但总有一些留遗，一直到她去世 — 这大概是送给《二十四孝图》的儒者所万料不到的罢。

五月十日。

五猖会

孩子们所盼望的，过年过节之外，大概要数迎神赛会的时候了。但我家的所在很偏僻，待到赛会的行列经过时，一定已在下午，仪仗之类，也减而又减，所剩的极其寥寥。往往伸着颈子等候多时，却只见十几个人抬着一个金脸或蓝脸红脸的神像匆匆地跑过去。于是，完了。

我常存着这样的一个希望：这一次所见的赛会，比前一次繁盛些。可是结果总是一个“差不多”；也总是只留下一个纪念品，就是当神像还未抬过之前，花一文钱买下的，用一点烂泥，一点颜色纸，一枝竹签和两三枝鸡毛所做的，吹起来会发出一种刺耳的声音的哨子，叫作“吹都都”的，吡吡地吹它两三天。

现在看看《陶庵梦忆》，觉得那时的赛会，真是豪奢极了，虽然明人的文章，怕难免有些夸大。因为祷雨而迎龙王，现在也还有的，但办法却已经很简单，不过是十多人盘旋着一条龙，以及村童们扮些海鬼。那时却还要扮故事，而且实在奇拔得可观。他记扮《水浒传》中人物云：“……于是分头四出，寻黑矮汉，寻梢长大汉，寻头陀，寻胖大和尚，寻茁壮妇人，寻姣长妇人，寻青面，寻歪头，寻赤须，寻美髯，寻黑大汉，寻赤脸长须。大索城中：无，则之郭，之村，之山僻，之邻府州县。用重价聘之，得三十六人，梁山泊好汉，个个呵活，臻臻至至，人马称娖而行。……”这样的白描的活古人，谁能不动一看的雅兴呢？可惜这种盛举，早已和明社一同消灭了。

赛会虽然不像现在上海的旗袍，北京的谈国事，为当局所禁止，然而妇孺们是不许看的，读书人即所谓士子，也大抵不肯赶去看。只有游手好闲的闲人，这才跑到庙前或衙门前去看热闹；我关于赛会的知识，多半是从他们的叙述上得来的，并非考据家所贵重的“眼学”。然而记得有一回，也亲见过较盛的赛会。开首是一个孩子骑马先来，称为“塘报”；过了许久，“高照”到了，长竹竿揭起一条很长的旗，一个汗流浃背的胖大汉用两手托着；他高兴的时候，就肯将竿头放在头顶或牙齿上，甚而至于鼻尖。其次是所谓“高跷”、“抬阁”、“马头”了；还有扮犯人的，红衣枷锁，内中也有孩子。我那时觉得这些都是有光荣的事业，与闻其事的即全是大有运气的人，— 大概羡慕他们的出风头罢。我想，我为什么不生一场重病，使我的母亲也好到庙里去许下一个“扮犯人”的心愿的呢？……然而我到现在终于没有和赛会发生关系过。

要到东关看五猖会去了。这是我儿时所罕逢的一件盛事。因为那会是全县中最盛的会，东关又是离我家很远的地方，出城还有六十多里水路，在那里有两座特别的庙。一是梅姑庙，就是《聊斋志异》所记，室女守节，死后成神，却篡取别人的丈夫的；现在神座上确塑着一对少年男女，眉开眼笑，殊与“礼教”有妨。其一便是五猖庙了，名目就奇特。据有考据癖的人说：这就是五通神，然而也并无确据。神像是五个男人，也不见有什么猖獗之状；后面列坐着五位太太，却并不“分坐”，远不及北京戏园里界限之谨严。其实呢，这也是殊与“礼教”有妨的，— 但他们既然是五猖，便也无法可想，而且自然也就“又作别论”了。

因为东关离城远，大清早大家就起来。昨夜预定好的三道明瓦窗的大船，已经泊在河埠头，船椅、饭菜、茶炊、点心盒子，都在陆续搬下去了。我笑着跳着，催他们要搬得快。忽然，工人的脸色很谨肃了，我知道有些蹊跷，四面一看，父亲就站在我背后。

“去拿你的书来。”他慢慢地说。

这所谓“书”，是指我开蒙时候所读的《鉴略》。因为我再没有第二本了。我们那里上学的岁数是多拣单数的，所以这使我记住我其时是七岁。

我忐忑着，拿了书来了。他使我同坐在堂中央的桌子前，教我一句一句地读下去。我担着心，一句一句地读下去。

两句一行，大约读了二三十行罢，他说：—

“给我读熟。背不出，就不准去看会。”

他说完，便站起来，走进房里去了。

我似乎从头上浇了一盆冷水。但是，有什么法子呢？自然是读着，读着，强记着，— 而且要背出来。

粤自盘古，　生于太荒，

首出御世，　肇开混茫。

就是这样的书，我现在只记得前四句，别的都忘却了；那时所强记的二三十行，自然也一齐忘却在里面了。记得那时听人说，读《鉴略》比读《千字文》、《百家姓》有用得多，因为可以知道从古到今的大概。知道从古到今的大概，那当然是很好的，然而我一字也不懂。“粤自盘古”就是“粤自盘古”，读下去，记住它，“粤自盘古”呵！“生于太荒”呵！……　　应用的物件已经搬完，家中由忙乱转成静肃了。朝阳照着西墙，天气很清朗。母亲、工人、长妈妈即阿长，都无法营救，只默默地静候着我读熟，而且背出来。在百静中，我似乎头里要伸出许多铁钳，将什么“生于太荒”之流夹住；也听到自己急急诵读的声音发着抖，仿佛深秋的蟋蟀，在夜中鸣叫似的。

他们都等候着；太阳也升得更高了。

我忽然似乎已经很有把握，便即站了起来，拿书走进父亲的书房，一气背将下去，梦似的就背完了。

“不错。去罢。”父亲点着头，说。

大家同时活动起来，脸上都露出笑容，向河埠走去。工人将我高高地抱起，仿佛在祝贺我的成功一般，快步走在最前头。

我却并没有他们那么高兴。开船以后，水路中的风景，盒子里的点心，以及到了东关的五猖会的热闹，对于我似乎都没有什么大意思。

直到现在，别的完全忘却，不留一点痕迹了，只有背诵《鉴略》这一段，却还分明如昨日事。

我至今一想起，还诧异我的父亲何以要在那时候叫我来背书。

五月二十五日。

无　常

迎神赛会这一天出巡的神，如果是掌握生杀之权的，—不，这生杀之权四个字不大妥，凡是神，在中国仿佛都有些随意杀人的权柄似的，倒不如说是职掌人民的生死大事的罢，就如城隍和东岳大帝之类。那么，他的卤簿中间就另有一群特别的脚色：鬼卒、鬼王，还有活无常。

这些鬼物们，大概都是由粗人和乡下人扮演的。鬼卒和鬼王是红红绿绿的衣裳，赤着脚；蓝脸，上面又画些鱼鳞，也许是龙鳞或别的什么鳞罢，我不大清楚。鬼卒拿着钢叉，叉环振得琅琅地响，鬼王拿的是一块小小的虎头牌。据传说，鬼王是只用一只脚走路的；但他究竟是乡下人，虽然脸上已经画上些鱼鳞或者别的什么鳞，却仍然只得用了两只脚走路。所以看客对于他们不很敬畏，也不大留心，除了念佛老妪和她的孙子们为面面圆到起见，也照例给他们一个“不胜屏营待命之至”的仪节。

至于我们 — 我相信：我和许多人 — 所最愿意看的，却在活无常。他不但活泼而诙谐，单是那浑身雪白这一点，在红红绿绿中就有“鹤立鸡群”之概。只要望见一顶白纸的高帽子和他手里的破芭蕉扇的影子，大家就都有些紧张，而且高兴起来了。

人民之于鬼物，惟独与他最为稔熟，也最为亲密，平时也常常可以遇见他。譬如城隍庙或东岳庙中，大殿后面就有一间暗室，叫作“阴司间”，在才可辨色的昏暗中，塑着各种鬼：吊死鬼、跌死鬼、虎伤鬼、科场鬼，……而一进门口所看见的长而白的东西就是他。我虽然也曾瞻仰过一回这“阴司间”，但那时胆子小，没有看明白。听说他一手还拿着铁索，因为他是勾摄生魂的使者。相传樊江东岳庙的“阴司间”的构造，本来是极其特别的：门口是一块活板，人一进门，踏着活板的这一端，塑在那一端的他便扑过来，铁索正套在你脖子上。后来吓死了一个人，钉实了，所以在我幼小的时候，这就已不能动。

倘使要看个分明，那么，《玉历钞传》上就画着他的像，不过《玉历钞传》也有繁简不同的本子的，倘是繁本，就一定有。身上穿的是斩衰凶服，腰间束的是草绳，脚穿草鞋，项挂纸锭；手上是破芭蕉扇、铁索、算盘；肩膀是耸起的，头发却披下来；眉眼的外梢都向下，象一个“八”字。头上一顶长方帽，下大顶小，按比例一算，该有二尺来高罢；在正面，就是遗老遗少们所戴瓜皮小帽的缀一粒珠子或一块宝石的地方，直写着四个字道：“一见有喜”。有一种本子上，却写的是“你也来了”。这四个字，是有时也见于包公殿的扁额上的，至于他的帽上是何人所写，他自己还是阎罗王，我可没有研究出。

《玉历钞传》上还有一种和活无常相对的鬼物，装束也相仿，叫作“死有分”。这在迎神时候也有的，但名称却讹作死无常了，黑脸、黑衣，谁也不爱看。在“阴司间”里也有的，胸口靠着墙壁，阴森森地站着；那才真真是“碰壁”。凡有进去烧香的人们，必须摩一摩他的脊梁，据说可以摆脱了晦气；我小时也曾摩过这脊梁来，然而晦气似乎终于没有脱，—— 也许那时不摩，现在的晦气还要重罢，这一节也还是没有研究出。

我也没有研究过小乘佛教的经典，但据耳食之谈，则在印度的佛经里，焰摩天是有的，牛首阿旁也有的，都在地狱里做主任。至于勾摄生魂的使者的这无常先生，却似乎于古无征，耳所习闻的只有什么“人生无常”之类的话。大概这意思传到中国之后，人们便将他具象化了。这实在是我们中国人的创作。

然而人们一见他，为什么就都有些紧张，而且高兴起来呢？

凡有一处地方，如果出了文士学者或名流，他将笔头一扭，就很容易变成“模范县”。我的故乡，在汉末虽曾经虞仲翔先生揄扬过，但是那究竟太早了，后来到底免不了产生所谓“绍兴师爷”，不过也并非男女老小全是“绍兴师爷”，别的“下等人”也不少。这些“下等人”，要他们发什么“我们现在走的是一条狭窄险阻的小路，左面是一个广漠无际的泥潭，右面也是一片广漠无际的浮砂，前面是遥遥茫茫荫在薄雾的里面的目的地”那样热昏似的妙语，是办不到的，可是在无意中，看得往这“荫在薄雾的里面的目的地”的道路很明白：求婚，结婚，养孩子，死亡。但这自然是专就我的故乡而言，若是“模范县”里的人民，那当然又作别论。他们——敝同乡“下等人”——的许多，活着，苦着，被流言，被反噬，因了积久的经验，知道阳间维持“公理”的只有一个会，而且这会的本身就是“遥遥茫茫”，于是乎势不得不发生对于阴间的神往。人是大抵自以为衔些冤抑的；活的“正人君子”们只能骗鸟，若问愚民，他就可以不假思索地回答你：公正的裁判是在阴间！

想到生的乐趣，生固然可以留恋；但想到生的苦趣，无常也不一定是恶客。无论贵贱，无论贫富，其时都是“一双空手见阎王”，有冤的得伸，有罪的就得罚。然而虽说是“下等人”，也何尝没有反省？自己做了一世人，又怎么样呢？未曾“跳到半天空”么？没有“放冷箭”么？无常的手里就拿着大算盘，你摆尽臭架子也无益。对付别人要滴水不羼的公理，对自己总还不如虽在阴司里也还能够寻到一点私情。然而那又究竟是阴间，阎罗天子、牛首阿旁，还有中国人自己想出来的马面，都是并不兼差，真正主持公理的脚色，虽然他们并没有在报上发表过什么大文章。当还未做鬼之前，有时先不欺心的人们，遥想着将来，就又不能不想在整块的公理中，来寻一点情面的末屑，这时候，我们的活无常先生便见得可亲爱了，利中取大，害中取小，我们的古哲墨翟先生谓之“小取”云。

在庙里泥塑的，在书上墨印的模样上，是看不出他那可爱来的。最好是去看戏。但看普通的戏也不行，必须看“大戏”或者“目连戏”。目连戏的热闹，张岱在《陶庵梦忆》上也曾夸张过，说是要连演两三天。在我幼小时候可已经不然了，也如大戏一样，始于黄昏，到次日的天明便完结。这都是敬神禳灾的演剧，全本里一定有一个恶人，次日的将近天明便是这恶人的收场的时候，“恶贯满盈”，阎王出票来勾摄了，于是乎这活的活无常便在戏台上出现。

我还记得自己坐在这一种戏台下的船上的情形，看客的心情和普通是两样的。平常愈夜深愈懒散，这时却愈起劲。他所戴的纸糊的高帽子，本来是挂在台角上的，这时预先拿进去了；一种特别乐器，也准备使劲地吹。这乐器好象喇叭，细而长，可有七八尺，大约是鬼物所爱听的罢，和鬼无关的时候就不用；吹起来，Nhatu，nhatu，nhatututuu 地响，所以我们叫它“目连嗐头”。

在许多人期待着恶人的没落的凝望中，他出来了，服饰比画上还简单，不拿铁索，也不带算盘，就是雪白的一条莽汉，粉面朱唇，眉黑如漆，蹙着，不知道是在笑还是在哭。但他一出台就须打一百零八个嚏，同时也放一百零八个屁，这才自述他的履历。可惜我记不清楚了，其中有一段大概是这样：—

“………
大王出了牌票，叫我去拿隔壁的癞子。
问了起来呢，原来是我堂房的阿侄。
生的是什么病？伤寒，还带痢疾。
看的是什么郎中？下方桥的陈念义 la 儿子。
开的是怎样的药方？附子、肉桂，外加牛膝。
第一煎吃下去，冷汗发出；
第二煎吃下去，两脚笔直。
我道 nga 阿嫂哭得悲伤，暂放他还阳半刻。
大王道我是得钱买放，就将我捆打四十！”

这叙述里的“子”字都读作入声。陈念义是越中的名医，俞仲华曾将他写入《荡寇志》里，拟为神仙；可是一到他的令郎，似乎便不大高明了。la 者“的”也；“儿”读若“倪”，倒是古音罢；nga 者，“我的”或“我们的”之意也。

他口里的阎罗天子仿佛也不大高明，竟会误解他的人格，— 不，鬼格。但连“还阳半刻”都知道，究竟还不失其“聪明正直之谓神”。不过这惩罚，却给了我们的活无常以不可磨灭的冤苦的印象，一提起，就使他更加蹙紧双眉，捏定破芭蕉扇，脸向着地，鸭子浮水似的跳舞起来。

Nhatu, nhatu, nhatu-nhatu-nhatututuu！目连害头也冤苦不堪似的吹着。他因此决定了：—

“难是弗放者个！
那怕你，铜墙铁壁！
那怕你，皇亲国戚！
…………”

“难”者，“今”也；“者个”者“的了”之意，词之决也。“虽有忮心，不怨飘瓦”，他现在毫不留情了，然而这是受了阎罗老子的督责之故，不得已也。一切鬼众中，就是他有点人情；我们不变鬼则已，如果要变鬼，自然就只有他可以比较的相亲近。

我至今还确凿记得，在故乡时候，和“下等人”一同，常常这样高兴地正视过这鬼而人，理而情，可怖而可爱的无常；而且欣赏他脸上的哭或笑，口头的硬语与谐谈……。

迎神时候的无常，可和演剧上的又有些不同了。他只有动作，没有言语，跟定了一个捧着一盘饭菜的小丑似的脚色走，他要去吃；他却不给他。另外还加添了两名脚色，就是“正人君子”之所谓“老婆儿女”。凡“下等人”，都有一种通病：常喜欢以己之所欲，施之于人。虽是对于鬼，也不肯给他孤寂，凡有鬼神，大概总要给他们一对一对地配起来。无常也不在例外。所以，一个是漂亮的女人，只是很有些村妇样，大家都称她无常嫂；这样看来，无常是和我们平辈的，无怪他不摆教授先生的架子。一个是小孩子，小高帽，小白衣；虽然小，两肩却已经耸起了，眉目的外梢也向下。这分明是无常少爷了，大家却叫他阿领，对于他似乎都不很表敬意；猜起来，仿佛是无常嫂的前夫之子似的。但不知何以相貌又和无常有这么象？吁！鬼神之事，难言之矣，只得姑且置之弗论。至于无常何以没有亲儿女，到今年可很容易解释了；鬼神能前知，他怕儿女一多，爱说闲话的就要旁敲侧击地锻成他拿卢布，所以不但研究，还早已实行了“节育”了。

这捧着饭菜的一幕，就是“送无常”。因为他是勾魂使者，所以民间凡有一个人死掉之后，就得用酒饭恭送他。至于不给他吃，那是赛会时候的开玩笑，实际上并不然。但是，和无常开玩笑，是大家都有此意的，因为他爽直，爱发议论，有人情，— 要寻真实的朋友，倒还是他妥当。

有人说，他是生人走阴，就是原是人，梦中却入冥去当差的，所以很有些人情。我还记得住在离我家不远的小屋子里的一个男人，便自称是“走无常”，门外常常燃着香烛。但我看他脸上的鬼气反而多。莫非入冥做了鬼，倒会增加人气的么？吁！鬼神之事，难言之矣，这也只得姑且置之弗论了。

六月二十三日。

从百草园到三味书屋

我家的后面有一个很大的园，相传叫作百草园。现在是早已并屋子一起卖给朱文公的子孙了，连那最末次的相见也已经隔了七八年，其中似乎确凿只有一些野草；但那时却是我的乐园。

不必说碧绿的菜畦，光滑的石井栏，高大的皂荚树，紫红的桑椹；也不必说鸣蝉在树叶里长吟，肥胖的黄蜂伏在菜花上，轻捷的叫天子(云雀)忽然从草间直窜向云霄里去了。单是周围的短短的泥墙根一带，就有无限趣味。油蛉在这里低唱，蟋蟀们在这里弹琴。翻开断砖来，有时会遇见蜈蚣；还有斑蝥，倘若用手指按住它的脊梁，便会拍的一声，从后窍喷出一阵烟雾。何首乌藤和木莲藤缠络着，木莲有莲房一般的果实，何首乌有臃肿的根。有人说，何首乌根是有像人形的，吃了便可以成仙，我于是常常拔它起来，牵连不断地拔起来，也曾因此弄坏了泥墙，却从来没有见过有一块根像人样。如果不怕刺，还可以摘到覆盆子，像小珊瑚珠攒成的小球，又酸又甜，色味都比桑椹要好得远。

长的草里是不去的，因为相传这园里有一条很大的赤练蛇。

长妈妈曾经讲给我一个故事听：先前，有一个读书人住在古庙里用功，晚间，在院子里纳凉的时候，突然听到有人在叫他。答应着，四面看时，却见一个美女的脸露在墙头上，向他一笑，隐去了。他很高兴；但竟给那走来夜谈的老和尚识破了机关。说他脸上有些妖气，一定遇见"美女蛇"了；这是人首蛇身的怪物，能唤人名，倘一答应，夜间便要来吃这人的肉的。他自然吓得要死，而那老和尚却道无妨，给他一个小盒子，说只要放在枕边，便可高枕而卧。他虽然照样办，却总是睡不着，— 当然睡不着的。到半夜，果然来了，沙沙沙！门外像是风雨声，他正抖作一团时，却听得豁的一声，一道金光从枕边飞出，外面便什么声音也没有了，那金光也就飞回来，敛在盒子里。后来呢？后来，老和尚说，这是飞蜈蚣，它能吸蛇的脑髓，美女蛇就被它治死了。

结末的教训是：所以倘有陌生的声音叫你的名字，你万不可答应他。

这故事很使我觉得做人之险，夏夜乘凉，往往有些担心，不敢去看墙上，而且极想得到一盒老和尚那样的飞蜈蚣。走到百草园的草丛旁边时，也常常这样想。但直到现在，总还没有得到，但也没有遇见过赤练蛇和美女蛇。叫我名字的陌生声音自然是常有的，然而都不是美女蛇。

冬天的百草园比较的无味；雪一下，可就两样了。拍雪人(将自己的全形印在雪上)和塑雪罗汉需要人们鉴赏，这是荒园，人迹罕至，所以不相宜，只好来捕鸟。薄薄的雪，是不行的；总须积雪盖了地面一两天，鸟雀们久已无处觅食的时候才好。扫开一块雪，露出地面，用一枝短棒支起一面大的竹筛来，下面撒些秕谷，棒上系一条长绳，人远远地牵着，看鸟雀下来啄食，走到竹筛底下的时候，将绳子一拉，便罩住了。但所得的是麻雀居多，也有白颊的“张飞鸟”，性子很躁，养不过夜的。

这是闰土的父亲所传授的方法，我却不大能用。明明见它们进去了，拉了绳，跑去一看，却什么都没有，费了半天力，捉住的不过三四只。闰土的父亲是小半天便能捕获几十只，装在叉袋里叫着撞着的。我曾经问他得失的缘由，他只静静地笑道：你太性急，来不及等它走到中间去。

我不知道为什么家里的人要将我送进书塾里去了，而且还是全城中称为最严厉的书塾。也许是因为拔何首乌毁了泥墙罢，也许是因为将砖头抛到间壁的梁家去了罢，也许是因为站在石井栏上跳了下来罢，……都无从知道。总而言之：我将不能常到百草园了。Ade，我的蟋蟀们！

Ade，我的覆盆子们和木莲们！

出门向东，不上半里，走过一道石桥，便是我的先生的家了。从一扇黑油的竹门进去，第三间是书房。中间挂着一块扁道：三味书屋；扁下面是一幅画，画着一只很肥大的梅花鹿伏在古树下。没有孔子牌位，我们便对着那扁和鹿行礼。第一次算是拜孔子，第二次算是拜先生。

第二次行礼时，先生便和蔼地在一旁答礼。他是一个高而瘦的老人，须发都花白了，还戴着大眼镜。我对他很恭敬，因为我早听到，他是本城中极方正，质朴，博学的人。

不知从哪里听来的，东方朔也很渊博，他认识一种虫，名曰“怪哉”，冤气所化，用酒一浇，就消释了。我很想详细地知道这故事，但阿长是不知道的，因为她毕竟不渊博。现在得到机会了，可以问先生。

“先生，‘怪哉’这虫，是怎么一回事？……”我上了生书，将要退下来的时候，赶忙问。

“不知道！”他似乎很不高兴，脸上还有怒色了。

我才知道做学生是不应该问这些事的，只要读书，因为他是渊博的宿儒，决不至于不知道，所谓不知道者，乃是不愿意说。年纪比我大的人，往往如此，我遇见过好几回了。

我就只读书，正午习字，晚上对课。先生最初这几天对我很严厉，后来却好起来了，不过给我读的书渐渐加多，对课也渐渐地加上字去，从三言到五言，终于到七言。

三味书屋后面也有一个园，虽然小，但在那里也可以爬上花坛去折腊梅花，在地上或桂花树上寻蝉蜕。最好的工作是捉了苍蝇喂蚂蚁，静悄悄地没有声音。然而同窗们到园里的太多，太久，可就不行了，先生在书房里便大叫起来：——

“人都到那里去了！”

人们便一个一个陆续走回去；一同回去，也不行的。

他有一条戒尺，但是不常用，也有罚跪的规则，但也不常用，普通总不过瞪几眼，大声道：—

“读书！”

于是大家放开喉咙读一阵书，真是人声鼎沸。有念“仁远乎哉我欲仁斯仁至矣”的，有念“笑人齿缺曰狗窦大开”的，有念“上九潜龙勿用”的，有念“厥土下上上错厥贡苞茅橘柚”的……。先生自己也念书。后来，我们的声音便低下去，静下去了，只有他还大声朗读着：—

“铁如意，指挥倜傥，一座皆惊呢……；金叵罗，颠倒淋漓噫，千杯未醉嗬……。”

我疑心这是极好的文章，因为读到这里，他总是微笑起来，而且将头仰起，摇着，向后面拗过去，拗过去。

先生读书入神的时候，于我们是很相宜的。有几个便用纸糊的盔甲套在指甲上做戏。我是画画儿，用一种叫作“荆川纸”的，蒙在小说的绣像上一个个描下来，象习字时候的影写一样。读的书多起来，画的画也多起来；书没有读成，画的成绩却不少了，最成片段的是《荡寇志》和《西游记》的绣像，都有一大本。后来，因为要钱用，卖给一个有钱的同窗了。他的父亲是开锡箔店的；听说现在自己已经做了店主，而且快要升到绅士的地位了。这东西早已没有了罢。

九月十八日。

父亲的病

大约十多年前罢，S 城中曾经盛传过一个名医的故事：——

他出诊原来是一元四角，特拔十元，深夜加倍，出城又加倍。有一夜，一家城外人家的闺女生急病，来请他了，因为他其时已经阔得不耐烦，便非一百元不去。他们只得都依他。待去时，却只是草草地一看，说道“不要紧的”，开一张方，拿了一百元就走。那病家似乎很有钱，第二天又来请了。他一到门，只见主人笑面承迎，道，“昨晚服了先生的药，好得多了，所以再请你来复诊一回。”仍旧引到房里，老妈子便将病人的手拉出帐外来。他一按，冷冰冰的，也没有脉，于是点点头道，“唔，这病我明白了。”从从容容走到桌前，取了药方纸，提笔写道：——

“凭票付英洋壹百元正。”下面是署名，画押。

“先生，这病看来很不轻了，用药怕还得重一点罢。”主人在背后说。

“可以，”他说。于是另开了一张方：——

“凭票付英洋贰百元正。”下面仍是署名，画押。

这样，主人就收了药方，很客气地送他出来了。

我曾经和这名医周旋过两整年，因为他隔日一回，来诊我的父亲的病。那时虽然已经很有名，但还不至于阔得这样不耐烦；可是诊金却已经是一元四角。现在的都市上，诊金一次十元并不算奇，可是那时是一元四角已是巨款，很不容易张罗的了；又何况是隔日一次。他大概的确有些特别，据舆论说，用药就与众不同。我不知道药品，所觉得的，就是“药引”的难得，新方一换，就得忙一大场。先买药，再寻药引。“生姜”两片，竹叶十片去尖，他是不用的了。起码是芦根，须到河边去掘；一到经霜三年的甘蔗，便至少也得搜寻两三天。可是说也奇怪，大约后来总没有购求不到的。

据舆论说，神妙就在这地方。先前有一个病人，百药无效；待到遇见了什么叶天士先生，只在旧方上加了一味药引：梧桐叶。只一服，便霍然而愈了。“医者，意也。”其时是秋天，而梧桐先知秋气。其先百药不投，今以秋气动之，以气感气，所以……。我虽然并不了然，但也十分佩服，知道凡有灵药，一定是很不容易得到的，求仙的人，甚至于还要拼了性命，跑进深山里去采呢。

这样有两年，渐渐地熟识，几乎是朋友了。父亲的水肿是逐日利害，将要不能起床；我对于经霜三年的甘蔗之流也逐渐失了信仰，采办药引似乎再没有先前一般踊跃了。正在这时候，他有一天来诊，问过病状，便极其诚恳地说：—

“我所有的学问，都用尽了。这里还有一位陈莲河先生，本领比我高。我荐他来看一看，我可以写一封信。可是，病是不要紧的，不过经他的手，可以格外好得快……。”

这一天似乎大家都有些不欢，仍然由我恭敬地送他上轿。进来时，看见父亲的脸色很异样，和大家谈论，大意是说自己的病大概没有希望的了；他因为看了两年，毫无效验，脸又太熟了，未免有些难以为情，所以等到危急时候，便荐一个生手自代，和自己完全脱了干系。但另外有什么法子呢？本城的名医，除他之外，实在也只有一个陈莲河了。明天就请陈莲河。

陈莲河的诊金也是一元四角。但前回的名医的脸是圆而胖的，他却长而胖了：这一点颇不同。还有用药也不同。前回的名医是一个人还可以办的，这一回却是一个人有些办不妥帖了，因为他一张药方上，总兼有一种特别的丸散和一种奇特的药引。

芦根和经霜三年的甘蔗，他就从来没有用过。最平常的是“蟋蟀一对”，旁注小字道：“要原配，即本在一窠中者。”似乎昆虫也要贞节，续弦或再醮，连做药资格也丧失了。但这差使在我并不为难，走进百草园，十对也容易得，将它们用线一缚，活活地掷入沸汤中完事。然而还有“平地木十株”呢，这可谁也不知道是什么东西了，问药店，问乡下人，问卖草药的，问老年人，问读书人，问木匠，都只是摇摇头，临末才记起了那远房的叔祖，爱种一点花木的老人，跑去一问，他果然知道，是生在山中树下的一种小树，能结红子如小珊瑚珠的，普通都称为“老弗大”。

“踏破铁鞋无觅处，得来全不费工夫。”药引寻到了，然而还有一种特别的丸药：败鼓皮丸。这“败鼓皮丸”就是用打破的旧鼓皮做成；水肿一名鼓胀，一用打破的鼓皮自然就可以克伏他。清朝的刚毅因为憎恨“洋鬼子”，预备打他们，练了些兵称作“虎神营”，取虎能食羊，神能伏鬼的意思，也就是这道理。可惜这一种神药，全城中只有一家出售的，离我家就有五里，但这却不象平地木那样，必须暗中摸索了，陈莲河先生开方之后，就恳切详细地给我们说明。

“我有一种丹，”有一回陈莲河先生说，“点在舌上，我想一定可以见效。因为舌乃心之灵苗……。价钱也并不贵，只要两块钱一盒……。”

我父亲沉思了一会，摇摇头。

“我这样用药还会不大见效，”有一回陈莲河先生又说，“我想，可以请人看一看，可有什么冤愆……。医能医病，不能医命，对不对？自然，这也许是前世的事……。”

我的父亲沉思了一会，摇摇头。

凡国手，都能够起死回生的，我们走过医生的门前，常可以看见这样的扁额。现在是让步一点了，连医生自己也说道：“西医长于外科，中医长于内科。”但是S城那时不但没有西医，并且谁也还没有想到天下有所谓西医，因此无论什么，都只能由轩辕岐伯的嫡派门徒包办。轩辕时候是巫医不分的，所以直到现在，他的门徒就还见鬼，而且觉得“舌乃心之灵苗”。这就是中国人的“命”，连名医也无从医治的。

不肯用灵丹点在舌头上，又想不出“冤愆”来，自然，单吃了一百多天的“败鼓皮丸”有什么用呢?依然打不破水肿，父亲终于躺在床上喘气了。还请一回陈莲河先生，这回是特拔，大洋十元。他仍旧泰然的开了一张方，但已停止败鼓皮丸不用，药引也不很神妙了，所以只消半天，药就煎好，灌下去，却从口角上回了出来。

从此我便不再和陈莲河先生周旋，只在街上有时看见他坐在三名轿夫的快轿里飞一般抬过；听说他现在还康健，一面行医，一面还做中医什么学报，正在和只长于外科的西医奋斗哩。

中西的思想确乎有一点不同。听说中国的孝子们，一到将要“罪孽深重祸延父母”的时候，就买几斤人参，煎汤灌下去，希望父母多喘几天气，即使半天也好。我的一位教医学的先生却教给我医生的职务道：可医的应该给他医治，不可医的应该给他死得没有痛苦。— 但这先生自然是西医。

父亲的喘气颇长久，连我也听得很吃力，然而谁也不能帮助他。我有时竟至于电光一闪似的想道：“还是快一点喘完了罢……。”立刻觉得这思想就不该，就是犯了罪；但同时又觉得这思想实在是正当的，我很爱我的父亲。便是现在，也还是这样想。

早晨，住在一门里的衍太太进来了。她是一个精通礼节的妇人，说我们不应该空等着。于是给他换衣服；又将纸锭和一种什么《高王经》烧成灰，用纸包了给他捏在拳头里……。

“叫呀，你父亲要断气了。快叫呀!”衍太太说。

“父亲！父亲!”我就叫起来。

“大声！他听不见。还不快叫?!”

“父亲！父亲!!”

他已经平静下去的脸，忽然紧张了，将眼微微一睁，仿佛有一些苦痛。

“叫呀！快叫呀！”她催促说。

“父亲！！”

“什么呢？……不要嚷。……不……。”他低低地说，又较急地喘着气，好一会，这才复了原状，平静下去了。

“父亲！！”我还叫他，一直到他咽了气。

我现在还听到那时的自己的这声音，每听到时，就觉得这却是我对于父亲的最大的错处。

十月七日。

琐　记

衍太太现在是早经做了祖母，也许竟做了曾祖母了，那时却还年青，只有一个儿子比我大三四岁。她对自己的儿子虽然狠，对别家的孩子却好的，无论闹出什么乱子来，也决不去告诉各人的父母，因此我们就最愿意在她家里或她家的四近玩。

举一个例说罢，冬天，水缸里结了薄冰的时候，我们大清早起一看见，便吃冰。有一回给沈四太太看到了，大声说道："莫吃呀，要肚子疼的呢！"这声音又给我母亲听到了，跑出来我们都挨了一顿骂，并且有大半天不准玩。我们推论祸首，认定是沈四太太，于是提起她就不用尊称了，给她另外起了一个绰号，叫作"肚子疼"。

衍太太却决不如此。假如她看见我们吃冰，一定和蔼地笑着说，"好，再吃一块。我记着，看谁吃得多。"

但我对于她也有不满足的地方。一回是很早的时候了，我还很小，偶然走进她家去，她正在和她的男人看书。我走近去，她便将书塞在我的眼前道，"你看，你知道这是什么？"我看那书上画着房屋，有两个人光着身子仿佛在打架，但又不很像。正迟疑间，他们便大笑起来了。这使我很不高兴，似乎受了一个极大的侮辱，不到那里去大约有十多天。一回是我已经十多岁了，和几个孩子比赛打旋子，看谁旋得多。她就从旁计着数，说道，"好，八十二个了！再旋一个，八十三！好，八十四！……"但正在旋着的阿祥，忽然跌倒了，阿祥的婶母也恰恰走进来。她便接着说道，"你看，不是跌了么？不听我的话。我叫你不要旋，不要旋……。"

虽然如此，孩子们总还喜欢到她那里去。假如头上碰得肿了一大块的时候，去寻母亲去罢，好的是骂一通，再给擦一点药；坏的是没有药擦，还添几个栗凿和一通骂。衍太太却决不埋怨，立刻给你用烧酒调了水粉，搽在疙瘩上，说这不但止痛，将来还没有瘢痕。

父亲故去之后，我也还常到她家里去，不过已不是和孩子们玩耍了，却是和衍太太或她的男人谈闲天。我其时觉得很有许多东西要买，看的和吃的，只是没有钱。有一天谈到这里，她便说道，“母亲的钱，你拿来用就是了，还不就是你的么？”我说母亲没有钱，她就说可以拿首饰去变卖；我说没有首饰，她却道，“也许你没有留心。到大厨的抽屉里，角角落落去寻去，总可以寻出一点珠子这类东西……。”

这些话我听去似乎很异样，便又不到她那里去了，但有时又真想去打开大厨，细细地寻一寻。大约此后不到一月，就听到一种流言，说我已经偷了家里的东西去变卖了，这实在使我觉得有如掉在冷水里。流言的来源，我是明白的，倘是现在，只要有地方发表，我总要骂出流言家的狐狸尾巴来，但那时太年青，一遇流言，便连自己也仿佛觉得真是犯了罪，怕遇见人们的眼睛，怕受到母亲的爱抚。

好。那么，走罢！

但是，哪里去呢？S 城人的脸早经看熟，如此而已，连心肝也似乎有些了然。总得寻别一类人们去，去寻为 S 城人所诟病的人们，无论其为畜生或魔鬼。那时为全城所笑骂的是一个开得不久的学校，叫作中西学堂，汉文之外，又教些洋文和算学。然而已经成为众矢之的了；熟读圣贤书的秀才们，还集了《四书》的句子，做一篇八股来嘲诮它，这名文便即传遍了全城，人人当作有趣的话柄。我只记得那“起讲”的开头是：—

> *“徐子以告夷子曰：吾闻用夏变夷者，未闻变于夷者也。今也不然：鴂舌之音，闻其声，皆雅言也。……”*

以后可忘 ，大概也和现今的国粹保存大家的议论差不多。但我对于这中西学堂，却也不满足，因为那里面只教汉文、算学、英文和法文。功课较为别致的，还有杭州的求是书院，然而学费贵。

无须学费的学校在南京，自然只好往南京去。第一个进去的学校，目下不知道称为什么了，光复以后，似乎有一时称为雷电学堂，很象《封神榜》上“太极阵”、“混元阵”一类的名目。总之，一进仪凤门，便可以看见它那二十丈高的桅杆和不知多高的烟通。功课也简单，一星期中，几乎四整天是英文：“It is a cat.”“Is it a rat?”一整天是读汉文：“君子曰，颍考叔可谓纯孝也已矣，爱其母，施及庄公。”一整天是做汉文：《知己知彼百战百胜论》，《颍考叔论》，《云从龙风从虎论》，《咬得菜根则百事可做论》。

初进去当然只能做三班生，卧室里是一桌一凳一床，床板只有两块。头二班学生就不同了，二桌二凳或三凳一床，床板多至三块。不但上讲堂时挟着一堆厚而且大的洋书，气昂昂地走着，决非只有一本“泼赖妈”和四本《左传》的三班生所敢正视；便是空着手，也一定将肘弯撑开，像一只螃蟹，低一班的在后面总不能走出他之前。这一种螃蟹式的名公巨卿，现在都阔别得很久了，前四五年，竟在教育部的破脚躺椅上，发见了这姿势，然而这位老爷却并非雷电学堂出身的，可见螃蟹态度，在中国也颇普遍。

可爱的是桅杆。但并非如“东邻”的“支那通”所说，因为它“挺然翘然”，又是什么的象征。乃是因为它高，乌鸦喜鹊，都只能停在它的半途的木盘上。人如果爬到顶，便可以近看狮子山，远眺莫愁湖，— 但究竟是否真可以眺得那么远，我现在可委实有点记不清楚了。而且不危险，下面张着网，即使跌下来，也不过如一条小鱼落在网子里；况且自从张网以后，听说也还没有人曾经跌下来。

原先还有一个池，给学生学游泳的，这里面却淹死了两个年幼的学生。当我进去时，早填平了，不但填平，上面还造了一所小小的关帝庙。庙旁是一座焚化字纸的砖炉，炉口上方横写着四个大字道："敬惜字纸"。只可惜那两个淹死鬼失了池子，难讨替代，总在左近徘徊，虽然已有"伏魔大帝关圣帝君"镇压着。办学的人大概是好心肠的，所以每年七月十五，总请一群和尚到雨天操场来放焰口，一个红鼻而胖的大和尚戴上毗卢帽，捏诀，念咒："回资罗，普弥耶吽！唵耶吽 ！唵！耶！吽！！！"

我的前辈同学被关圣帝君镇压了一整年，就只在这时候得到一点好处——虽然我并不深知是怎样的好处。所以当这些时，我每每想：做学生总得自己小心些。

总觉得不大合适，可是无法形容出这不合适来。现在是发见了大致相近的字眼了，"乌烟瘴气"，庶几乎其可也。只得走开。近来是单是走开也就不容易，"正人君子"者流会说你骂人骂到了聘书，或者是发"名士"脾气，给你几句正经的俏皮话。不过那时还不打紧，学生所得的津贴，第一年不过二两银子，最初三个月的试习期内是零用五百文。于是毫无问题，去考矿路学堂去了，也许是矿路学堂，已经有些记不真，文凭又不在手头，更无从查考。试验并不难，录取的。

这回不是 It is a cat 了，是 Der Mann, Die Weib，Das Kind。汉文仍旧是"颍考叔可谓纯孝也已矣"，但外加《小学集注》。论文题目也小有不同，譬如《工欲善其事必先利其器论》，是先前没有做过的。

此外还有所谓格致、地学、金石学、……都非常新鲜。但是还得声明：后两项，就是现在之所谓地质学和矿物学，并非讲舆地和钟鼎碑版的。只是画铁轨横断面图却有些麻烦，平行线尤其讨厌。但第二年的总办是一个新党，他坐在马车上的时候大抵看着《时务报》，考汉文也自己出题目，和教员出的很不同。有一次是《华盛顿论》，汉文教员反而惴惴地来问我们道："华盛顿是什么东西呀？……"

看新书的风气便流行起来，我也知道了中国有一部书叫《天演论》。星期日跑到城南去买了来，白纸石印的一厚本，价五百文正。翻开一看，是写得很好的字，开首便道：—

> *“赫胥黎独处一室之中，在英伦之南，背山而面野，槛外诸境，历历如在机下。乃悬想二千年前，当罗马大将恺撒未到时，此间有何景物？计惟有天造草昧……”*

哦！原来世界上竟还有一个赫胥黎坐在书房里那么想，而且想得那么新鲜？一口气读下去，“物竞”“天择”也出来了，苏格拉第、柏拉图也出来了，斯多噶也出来了。学堂里又设立了一个阅报处，《时务报》不待言，还有《译学汇编》，那书面上的张廉卿一流的四个字，就蓝得很可爱。

“你这孩子有点不对了，拿这篇文章去看去，抄下来去看去。”一位本家的老辈严肃地对我说，而且递过一张报纸来。接来看时，“臣许应骙跪奏……”，那文章现在是一句也不记得了，总之是参康有为变法的；也不记得可曾抄了没有。

仍然自己不觉得有什么“不对”，一有闲空，就照例地吃侉饼、花生米、辣椒，看《天演论》。

但我们也曾经有过一个很不平安的时期。那是第二年，听说学校就要裁撤了。这也无怪，这学堂的设立，原是因为两江总督(大约是刘坤一罢) 听到青龙山的煤矿出息好，所以开手的。待到开学时，煤矿那面却已将原先的技师辞退，换了一个不甚了然的人了。理由是：一、先前的技师薪水太贵；二、他们觉得开煤矿并不难。于是不到一年，就连煤在那里也不甚了然起来，终于是所得的煤，只能供烧那两架抽水机之用，就是抽了水掘煤，掘出煤来抽水，结一笔出入两清的账。既然开矿无利，矿路学堂自然也就无须乎开了，但是不知怎的，却又并不裁撤。到第三年我们下矿洞去看的时候，情形实在颇凄凉，抽水机当然还在转动，矿洞里积水却有半尺深，上面也点滴而下，几个矿工便在这里面鬼一般工作着。

毕业，自然大家都盼望的，但一到毕业，却又有些爽然若失。爬了几次桅，不消说不配做半个水兵；听了几年讲，下了几回矿洞，就能掘出金、银、铜、铁、锡来么？实在连自己也茫无把握，没有做《工欲善其事必先利其器论》的那么容易。爬上天空二十丈和钻下地面二十丈，结果还是一无所能，学问是“上穷碧落下黄泉，两处茫茫皆不见”了。所余的还只有一条路：到外国去。

留学的事，官僚也许可了，派定五名到日本去。其中的一个因为祖母哭得死去活来，不去了，只剩了四个。日本是同中国很两样的，我们应该如何准备呢？有一个前辈同学在，比我们早一年毕业，曾经游历过日本，应该知道些情形。跑去请教之后，他郑重地说：—

“日本的袜是万不能穿的，要多带些中国袜。我看纸票也不好，你们带去的钱不如都换了他们的现银。”

四个人都说遵命。别人不知其详，我是将钱都在上海换了日本的银元，还带了十双中国袜 — 白袜。

后来呢？后来，要穿制服和皮鞋，中国袜完全无用；一元的银圆日本早已废置不用了，又赔钱换了半元的银圆和纸票。

十月八日。

藤野先生

东京也无非是这样。上野的樱花烂熳的时节，望去确也象绯红的轻云，但花下也缺不了成群结队的“清国留学生”的速成班，头顶上盘着大辫子，顶得学生制帽的顶上高高耸起，形成一座富士山。也有解散辫子，盘得平的，除下帽来，油光可鉴，宛如小姑娘的发髻一般，还要将脖子扭几扭。实在标致极了。

中国留学生会馆的门房里有几本书买，有时还值得去一转；倘在上午，里面的几间洋房里倒也还可以坐坐的。但到傍晚，有一间的地板便常不免要咚咚咚地响得震天，兼以满房烟尘斗乱；问问精通时事的人，答道，“那是在学跳舞。”

到别的地方去看看，如何呢？

我就往仙台的医学专门学校去。从东京出发，不久便到一处驿站，写道：日暮里。不知怎地，我到现在还记得这名目。其次却只记得水户了，这是明的遗民朱舜水先生客死的地方。仙台是一个市镇，并不大；冬天冷得利害；还没有中国的学生。

大概是物以希为贵罢。北京的白菜运往浙江，便用红头绳系住菜根，倒挂在水果店头，尊为“胶菜”；福建野生着的芦荟，一到北京就请进温室，且美其名曰“龙舌兰”。我到仙台也颇受了这样的优待，不但学校不收学费，几个职员还为我的食宿操心。我先是住在监狱旁边一个客店里的，初冬已经颇冷，蚊子却还多，后来用被盖了全身，用衣服包了头脸，只留两个鼻孔出气。在这呼吸不息的地方，蚊子竟无从插嘴，居然睡安稳了。饭食也不坏。但一位先生却以为这客店也包办囚人的饭食，我住在那里不相宜，几次三番，几次三番地说。我虽然觉得客店兼办囚人的饭食和我不相干，然而好意难却，也只得别寻相宜的住处了。于是搬到别一家，离监狱也很远，可惜每天总要喝难以下咽的芋梗汤。

从此就看见许多陌生的先生，听到许多新鲜的讲义。解剖学是两个教授分任的。最初是骨学。其时进来的是一个黑瘦的先生，八字须，戴着眼镜，挟着一叠大大小小的书。一将书放在讲台上，使用了缓慢而很有顿挫的声调，向学生介绍自己道：—

"我就是叫作藤野严九郎的……。"

后面有几个人笑起来了。他接着便讲述解剖学在日本发达的历史，那些大大小小的书，便是从最初到现今关于这一门学问的著作。起初有几本是线装的；还有翻刻中国译本的，他们的翻译和研究新的医学，并不比中国早。

那坐在后面发笑的是上学年不及格的留级学生，在校已经一年，掌故颇为熟悉的了。他们便给新生讲演每个教授的历史。这藤野先生，据说是穿衣服太模胡了，有时竟会忘记带领结；冬天是一件旧外套，寒颤颤的，有一回上火车去，致使管车的疑心他是扒手，叫车里的客人大家小心些。

他们的话大概是真的，我就亲见他有一次上讲堂没有带领结。

过了一星期，大约是星期六，他使助手来叫我了。到得研究室，见他坐在人骨和许多单独的头骨中间，— 他其时正在研究着头骨，后来有一篇论文在本校的杂志上发表出来。

"我的讲义，你能抄下来么？"他问。

"可以抄一点。"

"拿来我看！"

我交出所抄的讲义去，他收下了，第二三天便还我，并且说，此后每一星期要送给他看一回。我拿下来打开看时，很吃了一惊，同时也感到一种不安和感激。原来我的讲义已经从头到末，都用红笔添改过了，不但增加了许多脱漏的地方，连文法的错误，也都一一订正。这样一直继续到教完了他所担任的功课：骨学、血管学、神经学。

可惜我那时太不用功，有时也很任性。还记得有一回藤野先生将我叫到他的研究室里去，翻出我那讲义上的一个图来，是下臂的血管，指着，向我和蔼地说道：——

“你看，你将这条血管移了一点位置了。——自然，这样一移，的确比较的好看些，然而解剖图不是美术，实物是那么样的，我们没法改换它。现在我给你改好了，以后你要全照着黑板上那样的画。”

但是我还不服气，口头答应着，心里却想道：——

“图还是我画的不错；至于实在的情形，我心里自然记得的。”

学年试验完毕之后，我便到东京玩了一夏天，秋初再回学校，成绩早已发表了，同学一百余人之中，我在中间，不过是没有落第。这回藤野先生所担任的功课，是解剖实习和局部解剖学。

解剖实习了大概一星期，他又叫我去了，很高兴地，仍用了极有抑扬的声调对我说道：——

“我因为听说中国人是很敬重鬼的，所以很担心，怕你不肯解剖尸体。现在总算放心了，没有这回事。”

但他也偶有使我很为难的时候。他听说中国的女人是裹脚的，但不知道详细，所以要问我怎么裹法，足骨变成怎样的畸形，还叹息道，“总要看一看才知道。究竟是怎么一回事呢？”

有一天，本级的学生会干事到我寓里来了，要借我的讲义看。我检出来交给他们，却只翻检了一通，并没有带走。但他们一走，邮差就送到一封很厚的信，拆开看时，第一句是：——

“你改悔罢！”

这是《新约》上的句子罢，但经托尔斯泰新近引用过的。其时正值日俄战争，托老先生便写了一封给俄国和日本的皇帝的信，开首便是这一句。日本报纸上很斥责他的不逊，爱国青年也愤然，然而暗地里却早受了他的影响了。其次的话，大略是说上年解剖学试验的题目，是藤野先生在讲义上做了记号，我预先知道的，所以能有这样的成绩。末尾是匿名。

我这才回忆到前几天的一件事。因为要开同级会，干事便在黑板上写广告，末一句是“请全数到会勿漏为要”，而且在“漏”字旁边加了一个圈。我当时虽然觉到圈得可笑，但是毫不介意，这回才悟出那字也在讥刺我了，犹言我得了教员漏泄出来的题目。

我便将这事告知了藤野先生；有几个和我熟识的同学也很不平，一同去诘责干事托辞检查的无礼，并且要求他们将检查的结果，发表出来。终于这流言消灭了，干事却又竭力运动，要收回那一封匿名信去。结末是我便将这托尔斯泰式的信退还了他们。

中国是弱国，所以中国人当然是低能儿，分数在六十分以上，便不是自己的能力了：也无怪他们疑惑。但我接着便有参观枪毙中国人的命运了。第二年添教霉菌学，细菌的形状是全用电影来显示的，一段落已完而还没有到下课的时候，便影几片时事的片子，自然都是日本战胜俄国的情形。但偏有中国人夹在里边：给俄国人做侦探，被日本军捕获，要枪毙了，围着看的也是一群中国人；在讲堂里的还有一个我。

“万岁！”他们都拍掌欢呼起来。

这种欢呼，是每看一片都有的，但在我，这一声却特别听得刺耳。此后回到中国来，我看见那些闲看枪毙犯人的人们，他们也何尝不酒醉似的喝采，—— 呜呼，无法可想！但在那时那地，我的意见却变化了。

到第二学年的终结，我便去寻藤野先生，告诉他我将不学医学，并且离开这仙台。他的脸色仿佛有些悲哀，似乎想说话，但竟没有说。

“我想去学生物学，先生教给我的学问，也还有用的。”其实我并没有决意要学生物学，因为看得他有些凄然，便说了一个慰安他的谎话。

“为医学而教的解剖学之类，怕于生物学也没有什么大帮助。”他叹息说。

将走的前几天，他叫我到他家里去，交给我一张照相，后面写着两个字道：“惜别”，还说希望将我的也送他。但我这时适值没有照相了；他便叮嘱我将来照了寄给他，并且时时通信告诉他此后的状况。

我离开仙台之后，就多年没有照过相，又因为状况也无聊，说起来无非使他失望，便连信也怕敢写了。经过的年月一多，话更无从说起，所以虽然有时想写信，却又难以下笔，这样的一直到现在，竟没有寄过一封信和一张照片。从他那一面看起来，是一去之后，杳无消息了。

但不知怎地，我总还时时记起他，在我所认为我师的之中，他是最使我感激，给我鼓励的一个。有时我常常想：他的对于我的热心的希望，不倦的教诲，小而言之，是为中国，就是希望中国有新的医学；大而言之，是为学术，就是希望新的医学传到中国去。他的性格，在我的眼里和心里是伟大的，虽然他的姓名并不为许多人所知道。

他所改正的讲义，我曾经订成三厚本，收藏着的，将作为永久的纪念。不幸七年前迁居的时候，中途毁坏了一口书箱，失去半箱书，恰巧这讲义也遗失在内了。责成运送局去找寻，寂无回信。只有他的照相至今还挂在我北京寓居的东墙上，书桌对面。每当夜间疲倦，正想偷懒时，仰面在灯光中瞥见他黑瘦的面貌，似乎正要说出抑扬顿挫的话来，便使我忽又良心发现，而且增加勇气了，于是点上一枝烟，再继续写些为“正人君子”之流所深恶痛疾的文字。

十月十二日。

范爱农

在东京的客店里，我们大抵一起来就看报。学生所看的多是《朝日新闻》和《读卖新闻》，专爱打听社会上琐事的就看《二六新闻》。一天早晨，辟头就看见一条从中国来的电报，大概是：——

"安徽巡抚恩铭被 Jo Shiki Rin 刺杀，刺客就擒。"

大家一怔之后，便容光焕发地互相告语，并且研究这刺客是谁，汉字是怎样三个字。但只要是绍兴人，又不专看教科书的，却早已明白了。这是徐锡麟，他留学回国之后，在做安徽候补道，办着巡警事务，正合于刺杀巡抚的地位。

大家接着就预测他将被极刑，家族将被连累。不久，秋瑾姑娘在绍兴被杀的消息也传来了，徐锡麟是被挖了心，给恩铭的亲兵炒食净尽。人心很愤怒。有几个人便秘密地开一个会，筹集川资；这时用得着日本浪人了，撕乌贼鱼下酒，慷慨一通之后，他便登程去接徐伯荪的家属去。

照例还有一个同乡会，吊烈士，骂满洲；此后便有人主张打电报到北京，痛斥满政府的无人道。会众即刻分成两派：一派要发电，一派不要发。我是主张发电的，但当我说出之后，即有一种钝滞的声音跟着起来：——

"杀的杀掉了，死的死掉了，还发什么屁电报呢。"

这是一个高大身材，长头发，眼球白多黑少的人，看人总象在渺视。他蹲在席子上，我发言大抵就反对；我早觉得奇怪，注意着他的了，到这时才打听别人；说这话的是谁呢，有那么冷？认识的人告诉我说：他叫范爱农，是徐伯荪的学生。

我非常愤怒了，觉得他简直不是人，自己的先生被杀了，连打一个电报还害怕，于是便坚执地主张要发电，同他争起来。结果是主张发电的居多数，他屈服了。其次要推出人来拟电稿。

"何必推举呢?自然是主张发电的人罗……。"他说。

我觉得他的话又在针对我，无理倒也并非无理的。但我便主张这一篇悲壮的文章必须深知烈士生平的人做，因为他比别人关系更密切，心里更悲愤，做出来就一定更动人。于是又争起来。结果是他不做，我也不做，不知谁承认做去了；其次是大家走散，只留下一个拟稿的和一两个干事，等候做好之后去拍发。

从此我总觉得这范爱农离奇，而且很可恶。天下可恶的人，当初以为是满人，这时才知道还在其次；第一倒是范爱农。中国不革命则已，要革命，首先就必须将范爱农除去。

然而这意见后来似乎逐渐淡薄，到底忘却了，我们从此也没有再见面。直到革命的前一年，我在故乡做教员，大概是春末时候罢，忽然在熟人的客座上看见了一个人，互相熟视了不过两三秒钟，我们便同时说：—

"哦哦，你是范爱农!"

"哦哦，你是鲁迅!"

不知怎地我们便都笑了起来，是互相的嘲笑和悲哀。他眼睛还是那样，然而奇怪，只这几年，头上却有了白发了，但也许本来就有，我先前没有留心到。他穿着很旧的布马褂，破布鞋，显得很寒素。谈起自己的经历来，他说他后来没有了学费，不能再留学，便回来了。回到故乡之后，又受着轻蔑，排斥，迫害，几乎无地可容。现在是躲在乡下，教着几个小学生糊口。但因为有时觉得很气闷，所以也趁了航船进城来。

他又告诉我现在爱喝酒，于是我们便喝酒。从此他每一进城，必定来访我，非常相熟了。我们醉后常谈些愚不可及的疯话，连母亲偶然听到了也发笑。一天我忽而记起在东京开同乡会时的旧事，便问他：—

"那一天你专门反对我，而且故意似的，究竟是什么缘故呢?"

“你还不知道？我一向就讨厌你的，— 不但我，我们。”

“你那时之前，早知道我是谁么？”

“怎么不知道。我们到横滨，来接的不就是子英和你么？你看不起我们，摇摇头，你自己还记得么？”

我略略一想，记得的，虽然是七八年前的事。那时是子英来约我的，说到横滨去接新来留学的同乡。汽船一到，看见一大堆，大概一共有十多人，一上岸便将行李放到税关上去候查检，关吏在衣箱中翻来翻去，忽然翻出一双绣花的弓鞋来，便放下公事，拿着仔细地看。我很不满，心里想，这些鸟男人，怎么带这东西来呢。自己不注意，那时也许就摇了摇头。检验完毕，在客店小坐之后，即须上火车。不料这一群读书人又在客车上让起坐位来了，甲要乙坐在这位上，乙要丙去坐，揖让未终，火车已开，车身一摇，即刻跌倒了三四个。我那时也很不满，暗地里想：连火车上的坐位，他们也要分出尊卑来……。自己不注意，也许又摇了摇头。然而那群雍容揖让的人物中就有范爱农，却直到这一天才想到。岂但他呢，说起来也惭愧，这一群里，还有后来在安徽战死的陈伯平烈士，被害的马宗汉烈士；被囚在黑狱里，到革命后才见天日而身上永带着匪刑的伤痕的也还有一两人。而我都茫无所知，摇着头将他们一并运上东京了。徐伯荪虽然和他们同船来，却不在这车上，因为他在神户就和他的夫人坐车走了陆路了。

我想我那时摇头大约有两回，他们看见的不知道是那一回。让坐时喧闹，检查时幽静，一定是在税关上的那一回了，试问爱农，果然是的。

“我真不懂你们带这东西做什么？是谁的？”

“还不是我们师母的？”他瞪着他多白的眼。

“到东京就要假装大脚，又何必带这东西呢？”

“谁知道呢？你问她去。”

到冬初，我们的景况更拮据了，然而还喝酒，讲笑话。

忽然是武昌起义，接着是绍兴光复。第二天爱农就上城来，戴着农夫常用的毡帽，那笑容是从来没有见过的。

"老迅，我们今天不喝酒了。我要去看看光复的绍兴。我们同去。"

我们便到街上去走了一通，满眼是白旗。然而貌虽如此，内骨子是依旧的，因为还是几个旧乡绅所组织的军政府，什么铁路股东是行政司长，钱店掌柜是军械司长……。这军政府也到底不长久，几个少年一嚷，王金发带兵从杭州进来了，但即使不嚷或者也会来。他进来以后，也就被许多闲汉和新进的革命党所包围，大做王都督。在衙门里的人物，穿布衣来的，不上十天也大概换上皮袍子了，天气还并不冷。

我被摆在师范学校校长的饭碗旁边，王都督给了我校款二百元。爱农做监学，还是那件布袍子，但不大喝酒了，也很少有工夫谈闲天。他办事，兼教书，实在勤快得可以。

"情形还是不行，王金发他们。"一个去年听过我的讲义的少年来访问我，慷慨地说，"我们要办一种报来监督他们。不过发起人要借用先生的名字。还有一个是子英先生，一个是德清先生。为社会，我们知道你决不推却的。"

我答应他了。两天后便看见出报的传单，发起人诚然是三个。五天后便见报，开首便骂军政府和那里面的人员；此后是骂都督，都督的亲戚、同乡、姨太太……。

这样地骂了十多天，就有一种消息传到我的家里来，说都督因为你们诈取了他的钱，还骂他，要派人用手枪来打死你们了。

别人倒还不打紧，第一个着急的是我的母亲，叮嘱我不要再出去。但我还是照常走，并且说明，王金发是不来打死我们的，他虽然绿林大学出身，而杀人却不很轻易。况且我拿的是校款，这一点他还能明白的，不过说说罢了。

果然没有来杀。写信去要经费，又取了二百元。但仿佛有些怒意，同时传令道：再来要，没有了！

不过爱农得到了一种新消息，却使我很为难。原来所谓“诈取”者，并非指学校经费而言，是指另有送给报馆的一笔款。报纸上骂了几天之后，王金发便叫人送去了五百元。于是乎我们的少年们便开起会议来，第一个问题是：收不收？决议曰：收。第二个问题是：收了之后骂不骂？决议曰：骂。理由是：收钱之后，他是股东；股东不好，自然要骂。

我即刻到报馆去问这事的真假。都是真的。略说了几句不该收他钱的话，一个名为会计的便不高兴了，质问我道：—

“报馆为什么不收股本?”

“这不是股本……。”

“不是股本是什么？”

我就不再说下去了，这一点世故是早已知道的，倘我再说出连累我们的话来，他就会面斥我太爱惜不值钱的生命，不肯为社会牺牲，或者明天在报上就可以看见我怎样怕死发抖的记载。

然而事情很凑巧，季弗写信来催我往南京了。爱农也很赞成，但颇凄凉，说：—

“这里又是那样，住不得。你快去罢……。”

我懂得他无声的话，决计往南京。先到都督府去辞职，自然照准，派来了一个拖鼻涕的接收员，我交出账目和余款一角又两铜元，不是校长了。后任是孔教会会长傅力臣。

报馆案是我到南京后两三个星期了结的，被一群兵们捣毁。子英在乡下，没有事；德清适值在城里，大腿上被刺了一尖刀。他大怒了。自然，这是很有些痛的，怪他不得。他大怒之后，脱下衣服，照了一张照片，以显示一寸来宽的刀伤，并且做一篇文章叙述情形，向各处分送，宣传军政府的横暴。我想，这种照片现在是大约未必还有人收藏着了，尺寸太小，刀伤缩小到几乎等于无，如果不加说明，看见的人一定以为是带些疯气的风流人物的裸体照片，倘遇见孙传芳大师，还怕要被禁止的。

我从南京移到北京的时候，爱农的学监也被孔教会会长的校长设法去掉了。他又成了革命前的爱农。我想为他在北京寻一点小事做，这是他非常希望的，然而没有机会。他后来便到一个熟人的家里去寄食，也时时给我信，景况愈困穷，言辞也愈凄苦。终于又非走出这熟人的家不可，便在各处飘浮。不久，忽然从同乡那里得到一个消息，说他已经掉在水里，淹死了。

我疑心他是自杀。因为他是浮水的好手，不容易淹死的。

夜间独坐在会馆里，十分悲凉，又疑心这消息并不确，但无端又觉得这是极其可靠的，虽然并无证据。一点法子都没有，只做了四首诗，后来曾在一种日报上发表，现在是将要忘记完了。只记得一首里的六句，起首四句是："把酒论天下，先生小酒人，大圜犹酩酊，微醉合沉沦。"中间忘掉两句，末了是"旧朋云散尽，余亦等轻尘。"

后来我回故乡去，才知道一些较为详细的事。爱农先是什么事也没得做，因为大家讨厌他。他很困难，但还喝酒，是朋友请他的。他已经很少和人们来往，常见的只剩下几个后来认识的较为年青的人了，然而他们似乎也不愿意多听他的牢骚，以为不如讲笑话有趣。

"也许明天就收到一个电报，拆开来一看，是鲁迅来叫我的。"他时常这样说。

一天，几个新的朋友约他坐船去看戏，回来已过夜半，又是大风雨，他醉着，却偏要到船舷上去小解。大家劝阻他，也不听，自己说是不会掉下去的。但他掉下去了，虽然能浮水，却从此不起来。

第二天打捞尸体，是在菱荡里找到的，直立着。

我至今不明白他究竟是失足还是自杀。

他死后一无所有，遗下一个幼女和他的夫人。有几个人想集一点钱作他女孩将来的学费的基金，因为一经提议，即有族人来争这笔款的保管权，— 其实还没有这笔款，大家觉得无聊，便无形消散了。

现在不知他唯一的女儿景况如何？倘在上学，中学已该毕业了罢。

十一月十八日。

后 记

我在第三篇讲《二十四孝》的开头，说北京恐吓小孩的“马虎子”应作“麻胡子”，是指麻叔谋，而且以他为胡人。现在知道是错了，“胡”应作“祜”，是叔谋之名，见唐人李济翁做的《资暇集》卷下，题云《非麻胡》原文如次：—

俗怖婴儿曰：麻胡来！不知其源者，以为多髯之神而验刺者，非也。隋将军麻祜，性酷虐，炀帝令开汴河，威棱既盛，至稚童望风而畏，互相恐吓曰：麻祜来！稚童语不正，转祜为胡。只如宪宗朝泾将郝玭，蕃中皆畏惮，其国婴儿啼者，以玭怖之则止。又，武宗朝，闾阎孩孺相胁云：薛尹来！咸类此也。况《魏志》载张文远辽来之明证乎？（原注：麻祜庙在睢阳。鹿方节度李丕即其后。丕为重建碑。）

原来我的识见，就正和唐朝的“不知其源者”相同，贻讥于千载之前，真是咎有应得，只好苦笑。但又不知麻祜庙碑或碑文，现今尚在睢阳或存于方志中否？倘在，我们当可以看见和小说《开河记》所载相反的他的功业。

因为想寻几张插画，常维钧兄给我在北京搜集了许多材料，有几种是为我所未曾见过的。如光绪己卯（1879）肃州胡文炳作的《二百卌孝图》— 原书有注云：“卌读如习。”我真不解他何以不直称四十，而必须如此麻烦—即其一。我所反对的“郭巨埋儿”，他于我还未出世的前几年，已经删去了。序有云：—

……坊间所刻《二十四孝》，善矣。然其中郭巨埋儿一事，揆之天理人情，殊不可以训。……炳窃不自量，妄为编辑。凡矫枉过正而刻意求名者，概从割爱；

惟择其事之不诡于正，而人人可为者，类为六门。……

这位肃州胡老先生的勇决，委实令我佩服了。但这种意见，恐怕是怀抱者不乏其人，而且由来已久的，不过大抵不敢毅然删改，笔之于书。如同治十一年(1872)刻的《百孝图》，前有纪常郑绩序，就说：

……况迩来世风日下，沿习浇漓，不知孝出天性自然，反以孝作另成一事。且择古人投炉埋儿为忍心害理，指割股抽肠为损亲遗体。殊未审孝只在乎心，不在乎迹。尽孝无定形，行孝无定事。古之孝者非在今所宜，今之孝者难泥古之事。因此时此地不同，而其人其事各异，求其所以尽孝之心则一也。子夏曰：事父母能竭其力。故孔门问孝，所答何尝有同然乎？……

则同治年间就有人以埋儿等事为“忍心害理”，灼然可知。至于这一位“纪常郑绩”先生的意思，我却还是不大懂，或者象是说：这些事现在可以不必学，但也不必说他错。

这部《百孝图》的起源有点特别，是因为见了“粤东颜子”的《百美新咏》而作的。人重色而己重孝，卫道之盛心可谓至矣。虽然是“会稽俞葆真兰浦编辑”，与不佞有同乡之谊，— 但我还只得老实说：不大高明。例如木兰从军的出典，他注云：“隋史”。这样名目的书，现今是没有的；倘是《隋书》，那里面又没有木兰从军的事。

而中华民国九年(1920)，上海的书店却偏偏将它用石印翻印了，书名的前后各添了两个字：《男女百孝图全传》。第一页上还有一行小字道：家庭教育的好模范。又加了一篇“吴下大错王鼎谨识”的序，开首先发同治年间“纪常郑绩”先生一流的感慨：—

慨自欧化东渐，海内承学之士，嚣嚣然侈谈自由平等之说，致道德日就沦胥，人心日益浇漓，寡廉鲜耻，无所不为，侥幸行险，人思幸进，求所谓砥砺廉隅，束身自爱者，世不多睹焉。……起观斯世之忍心害理，几全如陈叔宝之无心肝。长此滔滔，伊何底止？……

其实陈叔宝模胡到好像“全无心肝”，或者有之，若拉他来配“忍心害理”，却未免有些冤枉。这是有几个人以评“郭巨埋儿”和“李娥投炉”的事的。

至于人心，有几点确也似乎正在浇漓起来。自从《男女之秘密》、《男女交合新论》出现后，上海就很有些书名喜欢用“男女”二字冠首。现在是连“以正人心而厚风俗”的《百孝图》上也加上了。这大概为因不满于《百美新咏》而教孝的“会稽俞葆真兰浦”先生所不及料的罢。

从说“百行之先”的孝而忽然拉到“男女”上去，仿佛也近乎不庄重，— 浇漓。但我总还想趁便说几句，— 自然竭力来减省。

我们中国人即使对于“百行之先”，我敢说，也未必就不想到男女上去的。太平无事，闲人很多，偶有“杀身成仁舍生取义”的，本人也许忙得不暇检点，而活着的旁观者总会加以绵密的研究。曹娥的投江觅父，淹死后抱父尸出，是载在正史，很有许多人知道的。但这一个“抱”字却发生过问题。

我幼小时候，在故乡曾经听到老年人这样讲：—

“……死了的曹娥，和她父亲的尸体，最初是面对面抱着浮上来的。然而过往行人看见的都发笑了，说：哈哈！这么一个年青姑娘抱着这么一个老头子！于是那两个死尸又沉下去了；停了一刻又浮起来，这回是背对背的负着。”

好！在礼义之邦里，连一个年幼 — 呜呼，“娥年十四”而已—的死孝女要和死父亲一同浮出，也有这么艰难！

我检查《百孝图》和《二百卌孝图》，画师都很聪明，所画的是曹娥还未跳入江中，只在江干啼哭。但吴友如画的《女二十四孝图》（1892）却正是两尸一同浮出的这一幕，而且也正画作“背对背”，如第一图的上方。我想，他大约也知道我所听到的那故事的。还有《后二十四孝图说》，也是吴友如画，也有曹娥，则画作正在投江的情状，如第一图下。

就我现今所见的教孝的图说而言，古今颇有许多遇盗，遇虎，遇火，遇风的孝子，那应付的方法，十之九是“哭”和“拜”。

中国的哭和拜，什么时候才完呢？

至于画法，我以为最简古的倒要算日本的小田海仙本，这本子早已印入《点石斋丛画》里，变成国货，很容易入手的了。吴友如画的最细巧，也最能引动人。但他于历史画其实是不大相宜的；他久居上海的租界里，耳濡目染，最擅长的倒在作“恶鸨虐妓”，“流氓拆梢”一类的时事画，那真是勃勃有生气，令人在纸上看出上海的洋场来。但影响殊不佳，近来许多小说和儿童读物的插画中，往往将一切女性画成妓女样，一切孩童都画得像一个小流氓，大半就因为太看了他的画本的缘故。

而孝子的事迹也比较地更难画，因为总是惨苦的多。譬如“郭巨埋儿”，无论如何总难以画到引得孩子眉飞色舞，自愿躺到坑里去。还有“尝粪心忧”，也不容易引人入胜。还有老莱子的“戏彩娱亲”，题诗上虽说“喜色满庭帏”，而图画上却绝少有有趣的家庭的气息。

我现在选取了三种不同的标本，合成第二图。上方的是《百孝图》中的一部分，“陈村何云梯”画的，画的是“取水上堂诈跌卧地作婴儿啼”这一段。也带出“双亲开口笑”来。中间的一小块是我从“直北李锡彤”画的《二十四孝图诗合刊》上描下来的，画的是“著五色斑斓之衣为婴儿戏于亲侧”这一段；手里捏着“摇咕咚”，就是“婴儿戏”这三个字的点题。但大约李先生觉得一个高大的老头子玩这样的把戏究竟不象样，将他的身子竭力收缩，画成一个有胡子的小孩子了。然而仍然无趣。至于线的错误和缺少，那是不能怪作者的，也不能埋怨我，只能去骂刻工。查这刻工当前清同治十二年(1873)时，是在“山东省布政司街南首路西鸿文堂刻字处”。下方的是“民国壬戌”(1922)慎独山房刻本，无画人姓名，但是双料画法，一面“诈跌卧地”，一面“为婴儿戏”，将两件事合起来，而将“斑斓之衣”忘却了。吴友如画的一本，也合两事为一，也忘了斑斓之衣，只是老莱子比较的胖一些，且绾着双丫髻，— 不过还是无趣味。

人说，讽刺和冷嘲只隔一张纸，我以为有趣和肉麻也一样。孩子对父母撒娇可以看得有趣，若是成人，便未免有些不顺眼。放达的夫妻在人面前的互相爱怜的态度，有时略一跨出有趣的界线，也容易变为肉麻。老莱子的作态的图，正无怪谁也画不好。像这些图画上似的家庭里，我是一天也住不舒服的，你看这样一位七十多岁的老太爷整年假惺惺地玩着一个“摇咕咚”。

汉朝人在宫殿和墓前的石室里，多喜欢绘画或雕刻古来的帝王、孔子弟子、列士、列女、孝子之类的图。宫殿当然一椽不存了；石室却偶然还有，而最完全的是山东嘉祥县的武氏石室。我仿佛记得那上面就刻着老莱子的故事。但现在手头既没有拓本，也没有《金石萃编》，不能查考了；否则，将现时的和约一千八百年前的图画比较起来，也是一种颇有趣味的事。

关于老莱子的，《百孝图》上还有这样的一段：—

> *……莱子又有弄雏娱亲之事：尝弄雏于双亲之侧，欲亲之喜。(原注：《高士传》。)*

谁做的《高士传》呢？嵇康的，还是皇甫谧的？也还是手头没有书，无从查考。只在新近因为白得了一个月的薪水，这才发狠买来的《太平御览》上查了一通，到底查不着，倘不是我粗心，那就是出于别的唐宋人的类书里的了。但这也没有什么大关系。我所觉得特别的，是文中的那“雏”字。

我想，这“雏”未必一定是小禽鸟。孩子们喜欢弄来玩耍的，用泥和绸或布做成的人形，日本也叫 Hina，写作“雏”。他们那里往往存留中国的古语；而老莱子在父母面前弄孩子的玩具，也比弄小禽鸟更自然。所以英语的 Doll，即我们现在称为“洋囡囡”或“泥人儿”，而文字上只好写作“傀儡”的，说不定古人就称“雏”，后来中绝，便只残存于日本了。但这不过是我一时的臆测．此外也并无什么坚实的凭证。

这弄雏的事，似乎也还没有人画过图。

我所搜集的另一批，是内有“无常”的画像的书籍。一曰《玉历钞传警世》(或无下二字)，一曰《玉历至宝钞》(或作编)。其实是两种都差不多的。关于搜集的事，我首先仍要感谢常维钧兄，他寄给我北京龙光斋本，又鉴光斋本；天津思过斋本，又石印局本；南京李光明庄本。其次是章矛尘兄，给我杭州玛瑙经房本，绍兴许广记本，最近石印本。又其次是我自己，得到广州宝经阁本，又翰元楼本。

这些《玉历》，有繁简两种，是和我的前言相符的。但我调查了一切无常的画像之后，却恐慌起来了。因为书上的“活无常”是花袍、纱帽、背后插刀；而拿算盘，戴高帽子的却是“死有分”！虽然面貌有凶恶和和善之别，脚下有草鞋和布(?)鞋之殊，也不过画工偶然的随便，而最关紧要的题字，则全体一致，曰：“死有分”。呜呼，这明明是专在和我为难。

然而我还不能心服。一者因为这些书都不是我幼小时候所见的那一部，二者因为我还确信我的记忆并没有错。不过撕下一页来做插画的企图，却被无声无息地打得粉碎了。只得选取标本各一 — 南京本的死有分和广州本的活无常 — 之外，还自己动手，添画一个我所记得的目连戏或迎神赛会中的“活无常”来塞责，如第三图上方。好在我并非画家，虽然太不高明，读者也许不至于嗔责罢。先前想不到后来，曾经对于吴友如先生辈颇说过几句蹊跷话，不料曾几何时，即须自己出丑了，现在就预先辩解几句在这里存案。但是，如果无效，那也只好直抄徐(印世昌)大总统的哲学：听其自然。

还有不能心服的事，是我觉得虽是宣传《玉历》的诸公，于阴间的事情其实也不大了然。例如一个人初死时的情状，那图像就分成两派。一派是只来一位手执钢叉的鬼卒，叫作“勾魂使者”，此外什么都没有；一派是一个马面，两个无常 — 阳无常和阴无常 — 而并非活无常和死有分。倘说，那两个就是活无常和死有分罢，则和单个的画像又不一致。如第四图版上的 A，阳无常何尝是花袍纱帽？只有阴无常却和单画的死有分颇相象的，但也放下算盘拿了扇。这还可以说大约因为其时是夏天，然而怎么又长了那么长的络腮胡子了呢？难道夏天时疫多，他竟忙得连修刮的工夫都没有了么？这图的来源是天津思过斋的本子，合并声明；还有北京和广州本上的，也相差无几。

B 是从南京的李光明庄刻本上取来的，图画和 A 相同，而题字则正相反了：天津本指为阴无常者，它却道是阳无常。但和我的主张是一致的。那么，倘有一个素衣高帽的东西，不问他胡子之有无，北京人、天津人、广州人只管去称为阴无常或死有分，我和南京人则叫他活无常，各随自己的便罢。“名者，实之宾也”，不关什么紧要的。

不过我还要添上一点 C 图，是绍兴许广记刻本中的一部分，上面并无题字，不知宣传者于意云何。我幼小时常常走过许广记的门前，也闲看他们刻图画，是专爱用弧线和直线，不大肯作曲线的，所以无常先生的真相，在这里也难以判然。只是他身边另有一个小高帽，却还能分明看出，为别的本子上所无。这就是我所说过的在赛会时候出现的阿领。他连办公时间也带着儿子(?)走，我想，大概是在叫他跟随学习，预备长大之后，可以“无改于父之道”的。

除勾摄人魂外，十殿阎罗王中第四殿五官王的案桌旁边，也什九站着一个高帽脚色。如D图，1取自天津的思过斋本，模样颇漂亮；2是南京本，舌头拖出来了，不知何故；3是广州的宝经阁本，扇子破了；4是北京龙光斋本，无扇，下巴之下一条黑，我看不透它是胡子还是舌头；5是天津石印局本，也颇漂亮，然而站到第七殿泰山王的公案桌过去了：这是很特别的。

又，老虎噬人的图上，也一定画有一个高帽的脚色，拿着纸扇子暗地里在指挥。不知道这也就是无常呢，还是所谓“伥鬼”？但我乡戏文上的伥鬼都不戴高帽子。

研究这一类三魂渺渺，七魄茫茫，“死无对证”的学问，是很新颖，也极占便宜的。假使征集材料，开始讨论，将各种往来的信件都编印起来，恐怕也可以出三四本颇厚的书，并且因此升为“学者”。但是，“活无常学者”，名称不大冠冕，我不想干下去了，只在这里下一个武断：—

《玉历》式的思想是很粗浅的：“活无常”和“死有分”，合起来是人生的象征。人将死时，本只须死有分来到。因为他一到，这时候，也就可见“活无常”。

但民间又有一种自称“走阴”或“阴差”的，是生人暂时入冥，帮办公事的脚色。因为他帮同勾魂摄魄，大家也就称之为“无常”；又以其本是生魂也，则别之曰“阳”，但从此便和“活无常”隐然相混了。如第四图版之A，题为“阳无常”的，是平常人的普通装束，足见明明是阴差，他的职务只在领鬼卒进门，所以站在阶下。

既有了生魂入冥的“阳无常”，便以“阴无常”来称职务相似而并非生魂的死有分了。

做目连戏和迎神赛会虽说是祷祈，同时也等于娱乐，扮演出来的应该是阴差，而普通状态太无趣，— 无所谓扮演，— 不如奇特些好，于是就将“那一个无常”的衣装给他穿上了；— 自然原也没有知道得很清楚。然而从此也更传讹下去。所以南京人和我之所谓活无常，是阴差而穿着死有分的衣冠，顶着真的活无常的名号，大背经典，荒谬得很的。

不知海内博雅君子，以为如何？

我本来并不准备做什么后记，只想寻几张旧画像来做插图，不料目的不达，便变成一面比较，剪贴，一面乱发议论了。那一点本文或作或辍地几乎做了一年，这一点后记也或作或辍地几乎做了两个月。天热如此，汗流浃背，是亦不可以已乎：爰为结。

一九二七年七月十一日，

写完于广州东堤寓楼之西窗下。

图书在版编目(CIP)数据
朝花夕拾/鲁迅著.
北京：外文出版社，2002. 1
ISBN 7–119–02974–6
I. 朝… II. 鲁… III. 德语—对照读物，鲁迅散文—德、汉
IV. H 339.4 : I
中国版本图书馆 CIP 数据核字（2002）第 000576 号

外文出版社网址：
http://www.flp.com.cn
外文出版社电子信箱：
info@flp.com.cn
sales@flp.com.cn

朝花夕拾（德汉对照读物）
作　　者 鲁　迅
责任编辑 唐晓青
封面设计 蔡　荣
印刷监制 张国祥
出版发行 外文出版社
社　　址 北京市百万庄大街 24 号　　邮政编码　100037
电　　话 (010)68320579（总编室）
(010)68329514/68327211（推广发行部）
印　　刷 北京顺义振华印刷厂
经　　销 新华书店/外文书店
开　　本 34 开（119 × 185 毫米）　　字　　数　130 千字
印　　数 0001 – 3000 册　　印　　张　6.25
版　　次 2002 年 1 月第 1 版第 1 次印刷
装　　别 平 装
书　　号 ISBN 7–119–02974–6/I.717（外）
定　　价 12.00